Deus Culpa

LINOS PAN

DEUS CULPA

Bibliografische Information der Deutschen Nationalbibliothek
Die Deutsche Nationalbibliothek verzeichnet diese Publikation
in der Deutschen Nationalbibliografie; detaillierte bibliografische
Daten sind im Internet über http://dnb.d-nb.de abrufbar.

Umschlaggestaltung, Satz, Herstellung und Verlag:
BoD - Books on Demand, Norderstedt
ISBN 978-3-7494-3788-7

Inhalt

Ultima Ratio

Der Wille Gottes, eine Kontradiktion.
Der Fundamentalsatz von Jesus:
»Das Reich Gottes kommt nicht mit äußerlichen Gebärden, man wird auch nicht sagen:
Siehe, hier oder da ist es; denn sehet, das Reich Gottes ist inwendig in euch.«
Christus, als Pantheist, erklärt in diesem Satz die spirituelle, die unmittelbare geistige Verbindung des Menschen zu Gott. Seine Erkenntnis: etwas, was a priori inhärent ist im Menschen, bedarf keiner Erlösung. Jesus vollzieht damit eine klare Trennung von der Offenbarungsreligion des jüdischen Glaubens, die das Kommen des Messias verkündet. Jesus sieht Gott nicht als ein göttliches Wesen mit wirkender Kraft auf die Welt. Jesus ist also ein Gegner der »Prädestination«, der göttlichen Vorherbestimmung zur Seligkeit oder der Verdammnis durch Gottes Gnadenwahl. Jesus Christus, ein Antagonist.

Jesus selbst steht mit seinem Fundamentalsatz kontradiktorisch zur katholischen Apologetik, die den Willen Gottes zur Ermordung seines eigenen Sohnes behauptet. Die katholische Apologetik hat den Denker Jesus
Christus nie verstanden.

Die katholische Kirche hat durch ihre Inquisition schwerste Verbrechen gegen die Menschlichkeit verübt. Auch ein von Menschen gedachter Gott könnte niemals dazu stehen.

Dazu logische Grundsätze eines Laienphilosophen:
Gibt es Gott, muss Gott nicht bewiesen werden.
Gibt es Gott, kann es keinen Teufel geben.
Ist Gott immateriell, kann Gott kein Wesen sein.
Ist Gott spirituell, kann Gott keine alles beherrschende universelle Energie sein.

Die Materie, das Universum, unser Sonnensystem hat einen Willen, daraus haben viele Denker irrtümlicherweise einen Willen Gottes abgeleitet.

Gott ist kein Mensch, Gott hat keinen Willen, Gott liebt nicht, Gott straft nicht, Gott vergibt nicht.

Aber genau diese Parameter will der Mensch in Gott hineininterpretieren.

Das spirituelle Sein ist unserem spirituellen Geist vorbehalten.

Ich vermute, dass der spirituelle Geist, nach dem physischen Tod seines Körpers, oftmals noch einen langen Weg vor sich hat. Am Ende wird er vielleicht nichts mehr bedürfen, nicht einmal der Liebe.

Linos Pan

Vorwort

Sehr geehrte Leserin, sehr geehrter Leser,
mit diesem Buch versucht ein Denker und Laienphilosoph am
Ende seines Lebens eine Antwort auf die Frage zu finden: Gibt
es eine Beziehung zwischen Mensch und Gott? In meinen ersten
Aufzeichnungen heißt es hierzu:« Gott liebt nicht, Gott vergibt
nicht, Gott straft nicht, Gott benötigt keinen Willen, nicht einmal Denken trifft für Gott zu«. Weil Gott seit Ewigkeit existiert,
gibt es für Gott nichts mehr zu denken und auch nichts mehr
zu lenken. Mit dieser Tatsache kann sich jedoch der Mensch
nicht abfinden. Nicht einmal die härtesten Atheisten, die eine
Existenz Gottes ablehnen, machen da eine Ausnahme; sie be-
fassen sich in Wahrheit auch mit Gott, sonst könnten sie ihn ja
nicht ablehnen. Nur die Gewissheit, dass wir Menschen uns in
der unendlichen göttlichen Liebe und Güte Gottes befinden,
macht uns das Leben, zum Beispiel als gläubiger Christ, erträg-
lich. Das Gleiche gilt aber auch für Gläubige anderer Konfessio-
nen.Diese menschliche Vorstellung von Gott, der Theismus, also
der Glaube an einen persönlichen, von außen auf die Welt einwirkenden Schöpfergott, ist nach den Erkenntnissen von Jesus
Christus falsch. Denn sein Postulat lautete:»Gott ist inwendig
im Menschen.« Die ersten Christen, die engsten Freunde Jesu,
hatten diesen Satz längst verinnerlicht.Jedoch die Gründer der
neuen Sekte, die aus der Bewegung, die sich schon Christen
nannten, etwas Handfestes aufbauen wollten, konnten die Trag-
weite dieses Elementarsatzes von Jesus Christus nicht verstehen.
Paulus wurde erst 10 n. Chr. geboren und 42 Jahre nach Christi
Geburt hatte er sein Damaskuserlebnis.

Jesus Christus war der Überzeugung, Liebe, Güte, Trost und
Vergebung zum Beispiel seien Tribute, die der Mensch für sein

Menschsein, in seiner Abgrenzung vom Tier, in sich selbst finden könne und entwickeln müsse und an Gott zu zahlen habe. Die Liebe Gottes zu den Menschen setzte der Denker und Philosoph Jesus Christus a priori voraus, denn sonst wäre sie ja nicht inwendig im Menschen. Darin liegt der Denkfehler des Paulus und später auch der Kurie, denn hätte Gott einen von außen auf die Welt einwirkenden Willen, vergleichbar mit dem Willen eines Menschen, wäre Gott auch tatsächlich für den Ist-Zustand dieser Welt verantwortlich. DEUS CULPA.Trotzdem darf ein Denker sagen, mit Gott bezeichnen wir die Rahmenbedingungen, die wir Menschen im Kosmos und in unserem Sonnensystem vorfinden, also dass die Möglichkeiten, die wir Menschen zum Menschwerden benötigen, grundsätzlich von Gott, also vom Kosmos gegeben sind.

Der dänische Philosoph Søren Kierkegaard hat sich ebenfalls mit der offiziellen Kirche auseinandergesetzt und ihr Verrat am Christentum vorgeworfen. Sein Postulat war unter anderem der Satz: »Die Subjektivität ist die Wahrheit.« Damit benannte Kierkegaard die Wahrheit, die für den Menschen selbst die absolut richtige Wahrheit sein kann, für die er leben und sterben will. Er dachte natürlich an freie, selbstständig denkende, mündige Menschen, die nicht von einem religiösen Doktrinarismus beherrscht werden.

Ich möchte Sie, verehrte Leserin, und Sie, verehrter Leser, darum bitten, dieses Buch doch weiterzulesen, weil Sie heute, im 21. Jahrhundert, bestimmt nicht möchten, dass einem Menschen von einem anderen Menschen aus fanatisch-ideologischen Gründen der Kopf abgeschlagen wird. Sie können dabei ganz sicher sein, dass der Mensch, der dem anderen Menschen den Kopf abschlägt oder, im Auftrag eines anderen Menschen, einen Menschen mit Stockschlägen zu Tode prügelt, sich in der festen Überzeugung befindet, nach seinem

Gewissen und seinem Gott gegenüber richtig gehandelt zu haben.

Viele in ihrem Glauben verirrte religiöse Fundamentalisten machen heute dort weiter, wo die katholische Kirche, noch im Namen Gottes, Menschen auf dem Scheiterhaufen verbrannt hat. Stockschläge sind mit diesen Gräueltaten noch vergleichbar, jedoch sind Enthauptungen, um es zynisch auszudrücken, dagegen ein wahrhaft humaner Fortschritt.

Somit kann ich mit fester Überzeugung sagen, Jesus Christus hatte keinen Vater im Himmel, der seinen Sohn am Kreuz sterben sehen wollte.

Die katholische Kirche weiß längst, was die Stunde geschlagen hat. Angebot und Nachfrage stimmen nicht mehr überein. Das Denken der Christen hört nicht mehr vor der Kirchentür auf. Die Talarträger, die Hohepriester und Schriftgelehrten, die Kardinäle, die noch Papst werden möchten, die Bischöfe und Pastoren sehen heute noch ihre Pfründe gesichert, doch trotz allem noch vorhandenen Restbedürfnis nach einem guten Gewissen werden sich die wahren Christ mehr und mehr abwenden von dieser barbarischen Liturgie, in der von der katholischen Kirche der Kultus und die Hinrichtung Christi als Messe gefeiert wird. Christus, der sich nichts anderes hat zuschulden kommen lassen, als den Versuch unternommen zu haben, den jüdischen Glauben zu reformieren.

In der Hinsicht hat Kierkegaard es richtig gesehen, der Mensch muss für sich selbst die für ihn subjektiv einzig gültige Wahrheit finden und gegebenenfalls auch dafür sterben.

Jesus Christus hatte die Erkenntnis, Gott komme nicht als Messias vom Himmel, sondern Gott sei inwendig im Menschen, in allen Menschen.

Jesus

Der Elementarsatz, die Maxime des Denkers und Laienphilosophen Jesus Christus lautet:

»Das Reich Gottes kommt nicht mit äußerlichen Gebärden, man wird auch nicht sagen: Siehe, hier oder da ist es, denn sehet, das Reich Gottes ist inwendig in euch.«

Gott ist also allzeit, ein Leben lang, a priori, inwendig in jedem Menschen vorhanden. Das war die fundamentale Erkenntnis des Menschenfreundes Jesus Christus. Diesen Elementarsatz hat Jesus immer und immer wieder vor seinen Zuhörern ausgesprochen. In einer kleinen Gruppe sprach Jesus jeden in der Runde persönlich an mit den Worten an: »Du bist der Sohn Gottes.«, »Du bist die Tochter Gottes.« Und so weiter, bis der Letzte in der Runde an der Reihe war. Er fügte noch hinzu: »Und auch ich bin der Sohn Gottes.« Das war sein Postulat: Jeder Mensch könne in sich selbst hineinhören und die Stimme Gottes wahrnehmen.

Die Persönlichkeit des Menschen Jesus Christus muss von überragender Ausdruckskraft und er selbst mit höheren seelischen Fähigkeiten ausgestattet gewesen sein, die bei vielen Menschen in seinem Umfeld einen nachhaltigen Eindruck hinterlassen haben. Allerdings werden intellektuelle Menschen aus der Bürgerschicht und im Besonderen gelehrte religiöse Funktionsträger wie Rabbiner und Schriftgelehrte nicht zu seinem Freundeskreis gehört haben. Im Gegenteil, denn die Weltanschauung des Pantheisten Jesus Christus leugnete aus Sicht der gläubigen Juden das Kommen des Messias, der die Welt richtet.

Dass Jesus Christus sich selbst als den erwarteten Messias und als Erfüller der messianischen Hoffnungen ausgegeben hat, kann nicht mit seinem oben wiedergegebenen Elementarsatz in Übereinstimmung gebracht werden. Jesus kann nicht gesagt haben: »Ich bin der leibhaftige Sohn Gottes«, wenn doch Gott in allen Menschen inwendig vorhanden ist.

Die Fakten sind bekannt, Jesus Christus wurde dann wegen Verleumdung und Gotteslästerung und auf Grund der Schwere der Tat durch Kreuzigung zum Tode verurteilt. Nicht die Römer wollten den Tod des Gutmenschen Jesus Christus, sondern die etablierte jüdische Glaubensgemeinschaft. »Ecce Homo«, der Ausspruch des Pilatus, lässt deutliche Zweifel aufkommen.

Traktat über Gott

Die Logik des Jenseits
Religionen aller Welt, vereinigt euch,es gibt nur einen Gott.
Theos oder Gott ist ein Wort für das »Höhere«.Das »Höhere«
ist das transphänomenale Jenseits.
Es bleibt uns Menschen grundsätzlich verschlossen.Es gibt
keinen Gottesbeweis, aber es gibt ein Wissen über das »Hö-
here«.Das »Höhere« ist immateriell, unkörperlich, psychisch
zu verstehen.
Es ist die höhere Ebene des spirituellen Geistes, die jedem
Menschen anhaftet.Consensus Omnium: »Gott« ist das »Höhere«.Jede Seele eines Menschen erfährt das Jenseits nach dem
Tod.
Das »Höhere« ist existent, so wie der Mensch sagt: »Gott
gibt es.«
Der griechische Philosoph Xenophanes gilt als Denker des
Monotheismus. Seine Theorie besagt: Götter können nicht
noch schlechtere Eigenschaften haben als die Menschen. Damit sagte er schon fast 600 Jahre vor Christus sinngemäß: Der
höchste Universalgott agiert nicht mit einem Willen. Xenophanes sah Gott nicht mehr als »Ich-Person«, als welche etwa noch
Zeus und seine Kollegen betrachtet wurden. Das »Höhere« ist
also keine Omnipotenz, es benötigt keinen Willen. Mit einem
Paradigma lässt es sich leicht erklären.
Betrachten wir das Gesamt der Mathematik als ein zusam-
menhängendes Phänomen. Dabei stellen wir fest, dass die Mathematik als solche nicht über einen Willen verfügt. Das Wesen
der Mathematik kann mit der entsprechenden Begabung, von
einem Menschen erfasst werden. Die mathematischen Möglichkeiten waren vermutlich bereits im kosmischen Raum vorhanden, bevor der Planet Erde entstanden ist. Daran kann

auch jeder erkennen, dass im gesamten Universum vielleicht unzählige Sonnensysteme mit Planeten entsprechend unserem Erdtrabanten vorhanden sein müssen-sofern der Wille der kosmischen Materie von menschenähnlichen Lebewesen oder von höheren Intelligenzen profitieren würde. Das »Höhere«, oder das, was wir Gott nennen, ist im materiellen Raum nicht denkbar. Zum Vergleich wieder die Mathematik, sie lenkt und leitet nicht das Geschehen in unserer Welt.

Auf der höheren Ebene des spirituellen Geistes gibt es keine Strafe, aber es gibt auch keine Vergebung. Die Seele, der spirituelle Geist eines jeden Menschen, steht vor seinem gelebten Leben und vor seinem gesamten Sein mit allen Gedanken, Worten und Handlungen, die er als Mensch auf der Erde gedacht hat. Die Logik des Jenseits liegt nun darin, dass ein dem Gewissen entsprechend tugendhaft geführtes Leben auf der Erde nach dem physischen Tod des Körpers eine positive Selbstbeurteilung durch die eigene Seele des Menschen erfahren wird. Wohingegen eine Seele, die im menschlichen Dasein auf der Erde ein frevelhaftes Leben geführt hat oder sogar Gräueltaten an Menschen ausgeübt hat, als Seele ihr gesamtes gelebtes Leben in allen Einzelheiten und Facetten anschauen wird und muss. Wer soll das, was getan worden ist, als nicht getan löschen?

Vergebung von Gott, wie die Religionen sie anbieten gibt es nicht, weil die höhere Ebene nicht mit einem Willen agiert. Das würde doch in letzter Konsequenz bedeuten, Gott darum zu bitten, das Leben in dieser Form nicht gelebt zu haben.

Die höhere Stufe, das »Höhere«, ist nicht religiös. Ein mönchisches oder tugendhaftes Leben ist nur aus dem Grund für die Seele des Menschen von Vorteil, dass sie unbeschadet durch das Leben gekommen ist. Ein religiöser Glaube kann somit nicht allein auf Grund einer religiösen Zugehörigkeit belohnt werden.

Die Seele, der spirituelle Geist, verfügt nicht mehr, wie der Mensch, über einen Willen. Die Einstufung auf der höheren Ebene ist rein rational, das logische Spiegelbild des gelebten Lebens. Das alles Entscheidende für das Leben des Menschen auf Erden kann nur, frei nach Immanuel Kant, der Imperativ sein: »Lebe nach deinem Gewissen, aber schade niemandem.«

Hier auf der Erde kann der Menschen für das »Höhere« rein gar nichts zu tun, außer ein korrektes Leben führen.

.

Neue Wege zu Gott: Gott foltert nicht

Auch hier gilt immer noch: Was Gott ist, kann ein Mensch nicht sagen. Semantisch benutzen wir zum Beispiel das Wort »Omnipotenz« und denken dabei an göttliche Allmacht. Das trifft aber für Gott nicht zu. Es besteht keine Notwendigkeit für eine göttliche Allmacht. Wir Menschen denken dann Gott in absoluter, nicht zu übertreffender Machtstellung mit der dazugehörigen Entscheidungskompetenz. In meiner Philosophie trifft das für Gott nicht zu. Gott hat niemals eine Entscheidung getroffen. Gott liebt nicht, Gott vergibt nicht und Gott straft nicht. Alles, was für uns Menschen zutreffen kann, können wir auf Gott nicht anwenden.

Der Mensch führt Kriege, seit jeher, so lange es Menschen gibt. Das müssen wir als eine Tatsache in der Menschheitsgeschichte betrachten. Der Mensch sollte sich zum Ziel setzen, Kriege unter Menschen zu vermeiden. Das Schändlichste und Schlimmste aber, wozu der Mensch fähig ist, ist Folter. Es liegt auf der Hand, dass ein allmächtiger Gott niemals foltern würde. Die Seele des Menschen, die in ihrem menschlichen Körper zu Lebenszeiten gefoltert hat oder Folter angeordnet hat, wird im spirituellen Raum der Seelen einen schweren Stand haben.

Dazu folgender Gedankengang zur Beschreibung dessen, was eine Seele im spirituellen Raum zu erwarten hat. Es wird vorausgesetzt, dass die Strafe Gottes nicht zum Einsatz kommt. Gott straft nicht, Gott liebt nicht, Gott vergibt nicht. Im günstigsten Fall gelangt die Seele des Menschen nach dem Austreten aus ihrem zugehörigen physischen Körper in einen Zustand des nichts Bedürfens.

Natürlich ist unsere Sprache nicht dazu entwickelt, Seelenzustände ernsthaft real zu beschreiben. Da ich mich aber selbst in einem vergleichbaren Zustand mit Körper und Seele befunden habe, will ich es trotzdem versuchen. Nichts zu bedürfen, übertrifft jede Art der Zufriedenheit, die ein körperlich existierender Mensch erleben kann. Die Seele bedarf weder des Glücks noch der Liebe. Es gibt keinen Gottnähezustand, keine göttliche Lichterscheinung mit durchdringender Glückseligkeit. Das Nichts-zu-Bedürfen beinhaltet natürlich auch ein empirisches Wissen von einer absoluten Unzerstörbarkeit. Soll heißen, es gibt keine Sorge über eine Endlichkeit dieser Situation.

Anders ist die ganze Sache allerdings, wenn die Seele des Menschen, verbunden mit ihrer Körperlichkeit, schwere Schuld auf sich geladen hat, zum Beispiel einen anderen Menschen gefoltert hat. Die Seele erleidet jetzt die Hilflosigkeit der Seele, die der Mensch, dem sie angehörte, gefoltert hat. Die Seele befindet sich in einem immerwährenden, niemals aufhörenden Zustand des Bedürfens. Des Bedürfens nach Ausgleich, nach Seelenfrieden. In diesem Zustand befindet sich die Seele in einem empirischen Wissen einer Zeitlichkeit. Diese Zeitlichkeit kann lange anhalten, schlimmstenfalls so lange, bis die gefolterte Seele Vergebung erteilt. Das ist allerdings reine Spekulation meiner geistigen Auseinandersetzung mit der Sache. Möglicherweise kann die schuldig gewordene Seele Gutes tun für die physisch körperliche Welt, um die eigene Situation zu verbessern. In diesem Fall geht sie vielleicht einem Geistheiler zur Hand oder Ähnliches. Vergebung von Gott gibt es nicht. Ein Mensch kann einem anderen Menschen vergeben, für Gott trifft das nicht zu. Es liegt doch auf der Hand: Wenn wir uns einen Gott denken, der vergibt, ist es doch Unsinn, wenn Gott das Vergehen vorher zulässt. Gott ist nicht Gott, Gott ist anders.

Gott ist nicht der Gott, den wir Menschen uns bisher gedacht haben. Der Laienphilosoph und Pantheist Jesus Christus hat das schon vor zweitausend Jahren erkannt. Jesus hätte nicht den Satz sagen können:»Gott ist inwendig in allen Menschen«, wenn er dabei an einen zürnenden, über alles herrschenden Gott gedacht hätte. Jesus Christus ist auf schreckliche Art und Weise missverstanden worden. Die Welt war noch nicht in der Lage, Gott so zu verstehen, wie Jesus Christus ihn gedacht hat. Vergebung gibt es in unserem irdischen Dasein nicht einmal. Niemand kann uns eine Schuld vergeben, vielleicht der, dem wir das Leid angetan haben, aber damit ist die Schuld nicht gelöscht.

Das Vergehen ist niemals ungeschehen zu machen, auch kein Gott könnte es. Mit dieser Erkenntnis müssen wir Menschen leben. Aus dem Grund lassen sich Religionen so gut an die Frau und den Mann bringen. Das berühmteste Beispiel ist wohl der römische Kaiser Konstantin der Große. Er nahm noch auf dem Sterbebett den christlichen Glauben an. Paulus von Tarsus wollte seine auf sich geladene Schuld (er hatte massenweise Christen töten lassen oder auch selbst getötet) dadurch ausgleichen, dass er Jesus Christus zum Sohn Gottes erklärte. Paulus hat Gott so gedacht, dass dieser in der Lage sei, das Verbrechen der Kreuzigung an dem Gutmenschen Jesus Christus durch seinen göttlichen Willen zuzulassen. Diese katastrophale, von Menschen gedachte Einstellung des göttlichen Willens hat zu der Welt geführt, die wir heute vorfinden.

In der Folge sind tausende Häretiker auf dem Scheiterhaufen verbrannt worden. Wenn wir Menschen glauben wollen, dass ein Wille Gottes diese Verbrechen gegen die Menschlichkeit unterstützt hat, können wir keine andere Welt vorfinden als die der fanatischen Gewalt anderer Glaubensrichtungen. Die katholische Kirche hat es ihnen vorgemacht.

Die Kommunion,»Gott to go« kann die Kirche nicht mehr unter religiöser Tradition abbuchen. Die Kreuzigung Christi war Mord. Gott mordet nicht. Die Ermordung des Mannes Jesus Christus kann man nicht mehr als »Messopfer« feiern.

Bei allem Verständnis für das Bedürfnis des Menschen nach religiöser Betätigung und nach religiösen Ritualen, muss doch der Klerus der katholischen Kirche irgendwann begreifen, dass Jesus Christus den Menschen eine völlig neue Sichtweise des Gottesverständnisses bringen wollte. Jesus war Jude und hätte auch Jude bleiben können, ohne ans Kreuz geschlagen zu werden.

Jesus sah Gott als spirituelle Energie, inwendig in allen Dingen und auch inwendig in allen Menschen. Jesus konnte absolut nicht damit einverstanden sein, dass Gott ausschließlich nur für eine kleine jüdische Glaubensrichtung existent sein solle. Jesus sah Gott nicht als eine von außen auf die Welt einwirkende Macht. In dieser Hinsicht war Jesus ein Agnostiker. Bis in unsere heutige Zeit, also nach mehr als zweitausend Jahren, gibt es noch keine Alternative zu dem Elementarsatz von Jesus Christus:

»Das Reich Gottes kommt nicht mit äußerlichen Gebärden, man wird auch nicht sagen, siehe, hier oder da ist es, denn sehet, das Reich Gottes ist inwendig in euch.«

Allein an diesem Satz kann sich die katholische Kirche erneuern. Er liefert auch heute noch ausreichend Substanz, um unsere Welt in eine menschenwürdige Welt zu verwandeln. Gott ist kein »Macher«, Gott übernimmt nicht die Verantwortung für diese Welt. Es muss uns Menschen klar werden, dass wir Menschen diese Welt zu verantworten haben.

Kein Mensch kann sich durch religiöse Betätigung Vorteile bei Gott erwirtschaften, allerdings kann der Mensch in einer Gemeinschaft mit anderen Menschen durch Gebete und Rituale in erheblichem Maße die innere Zufriedenheit und Sicherheit seiner Seele positiv beeinflussen, sodass für den Menschen am Ende seines Lebens der Eindruck entstehen kann, mit seiner Seele Gott näher gewesen zu sein. In Wahrheit ist die Verbindung der Seele des Menschen zu Gott immer vorhanden.

So hat Jesus Christus gedacht. Jesus Christus hatte, vereinfacht ausgedrückt, die Absicht, seinen eigenen jüdischen Glauben zu reformieren, eine der Zeit angepasste Gottesvorstellung in die Welt zu bringen.

Wenn wir Menschen eine bessere Welt wollen, erreichen wir das nicht durch Beten zu Gott oder dadurch, dass wir Gott anbeten. Gott benötigt unser Gebet nicht. Wir Menschen können für uns selbst beten. Beten ist eine zielgerichtete Energie, die von Menschen dorthin gesandt wird, wo sie wirksam werden kann. Gott benötigt keine Energie von uns Menschen.

Dem Menschen auf unserem Erdtrabanten offenbart sich nicht der Sinn des Bösen, der Verbrechen und der Grausamkeiten, die auf dieser Erde geschehen und geschehen sind. Es kann allerdings sinnvoll sein, das Böse und die Gewalt für sich selbst abzulehnen und das Gute und das Bessere zu suchen und zu leben. So weit sind alle religiösen Mythen und Sagen bereits gekommen. Die Thora, die Bibel, die Edda und so weiter.

Den alles entscheidenden philosophischen Gedanken jedoch finde ich bei Jesus Christus. Sein Elementarsatz brachte mich zu der Erkenntnis, dass wir Menschen lernen müssen, den Menschen zu vergeben, die uns Leid zugefügt haben. Wir müssen, wenn wir es noch können, für die Seelen dieser Menschen beten, also ihnen eine Energie senden, die ihnen eine Hilfe sein kann, die Zeit des Leidens ihrer Seele im spirituellen Raum zu überstehen und zu verkürzen.

Warum ist das so? Es ist nicht so, weil wir Gott damit einen Gefallen tun sollen, sondern weil es sinnvoll ist für uns selbst und für die Welt, in der wir leben. Es ist sinnvoll für unsere Seele im spirituellen Raum. Nur auf diesem Weg kann eine bessere Welt entstehen. Der Dschihad oder der alttestamentarische Spruch »Auge um Auge, Zahn um Zahn« sind nicht die Lösung. Die Welt hat auch nach zweitausend Jahren immer noch eine Chance, eine bessere zu werden.

Der Mensch kann sich Jesus Christus zum Vorbild nehmen und sein Leben in der Form gestalten, dass ihm nach seinem Tod ein spirituelles Sein der Unzerstörbarkeit im spirituellen Raum beschieden sein mag.

Die Logik des Jenseits oder
Die Nicht-Gott-Theorie

Das Jenseits ist die immaterielle Fortführung des menschlichen Daseins hier auf der Erde. Der Mensch ist als lebendes Wesen, physisch vorhanden mit einem Körper und einem mentalen Geist, mit einer Seele und einem spirituellen Geist, existent, unabhängig von dem, was er glaubt. Mit dem Glauben an die Unsterblichkeit der Seele ist hier die Unsterblichkeit des spirituellen Geistes gemeint.

Die Existenz des spirituellen Geistes in der Seele des Menschen nannte Jesus Christus »Gott« und somit kam Jesus zu der Erkenntnis, Gott sei inwendig im Menschen. Das Wort »Gott« ist aus unserem Sprachgebrauch nicht zu löschen, obwohl es grundsätzlich falsch gedacht und angewandt wird. Wir Menschen sollten das Wort »Gott« für eine möglicherweise noch zu erwartende höhere Erkenntnis reservieren. Der spirituelle Geist kann in letzter Konsequenz nur als universelle kosmische Intelligenz gedacht werden, die zwar in jeder Seele eines Menschen vorhanden sein muss, sonst gäbe es den Menschen nicht, jedoch nicht richtungsorientiert in direkter Form für die Schaffung einer besseren Welt zuständig ist. Der spirituelle Geist hat keinen Willen, kann aber in der Seele des Menschen wirkend wahrgenommen werden. In der Verbindung mit dem, was dem Menschen möglich ist, als kosmische Energie zu begreifen. Einen Teil dessen, wie der spirituelle Geist in unserer Seele wirkt, erfahren wir über unser Gewissen. Das Gewissen besteht jedoch auch, und sogar im Wesentlichen, aus dem Einfluss der Welt, in die wir hineingeboren werden. Vorhanden ist der spirituelle Geist in jedem Menschen, sowohl in dem guten als auch in dem bösen, sonst hätte der böse Mensch ohnehin keine Chance.

Der spirituelle Geist ist nicht Gott in dem Sinne, wie Gott bisher vom Menschen verstanden wurde. Der spirituelle Geist steht auch nicht näher zu Gott, denn dann hätte Gott doch wiederum durch die Hintertür den Ist-Zustand dieser Welt zu verantworten. Der von uns Menschen bisher so gedachte Gott müsste diese Welt so wollen, wie sie ist, aber dann wäre Gott eine zynische, grausame Bestie, was natürlich nicht sein kann. Der spirituelle Geist überlässt dem Menschen seine Entscheidungskompetenz.

Das erklärt, warum Menschen in ihrem fanatischen Wahn diese unsagbaren Gräueltaten in unserer Welt ausüben dürfen, ohne dass der spirituelle Geist oder der Gott, den wir uns bisher gedacht haben, eingreift und Einhalt gebietet. Der spirituelle Geist ist inwendig in uns Menschen. Es ist einzig und allein dem Menschen überlassen, diese Welt zu gestalten oder eine bessere Welt zu schaffen.

Der Logik entsprechend, müssen wir davon ausgehen, dass unser Sonnensystem mit unserem Erdtrabanten mit absoluter Sicherheit nicht das einzige im Raum des unendlichen Universums ist und dass unsere Welt nicht unbedingt die beste aller real existierenden Welten sein muss. Es werden Welten existieren wie die unsere, wie sie vor fünf Milliarden Jahren einmal war, aber es werden auch Welten vorhanden sein mit weit intelligenteren Wesen, als wir Menschen uns denken können. Diese Wesen verfügen vielleicht über Gedankenenergien, die jede uns bekannte Materie beherrschen und verändern können. Diese Wesen müssten dann über eine weit höhere ethische und sittliche Verantwortung verfügen, als wir Menschen uns vorstellen können. Sie dürften niemals alles das geschehen lassen, was wir dem von uns Menschen gedachten Gott hier auf unserer Erde zusprechen müssten. Es ist also etwas mehr Bescheidenheit angesagt, wenn Menschen behaupten: Das ist Gottes Wille.

Ein Mensch kann mit bloßem Auge aus unserer Galaxis, die wir Milchstraße nennen, durch das Sternenbild Andromeda auf unsere Nachbargalaxis, die wir Spiralgalaxis nennen, schauen, wenn wir sie sehen. Ihre Entfernung beträgt ca. 2,2 Millionen Lichtjahre. Unsere Gedanken sind somit auch in Sekundenschnelle am Objekt, können allerdings dort noch nichts ausrichten. Aber wir können sagen, unsere Gedanken sind schneller als Licht. Das kann zu der Erkenntnis führen, dass sich unsere Gedankenenergien in ferner Zukunft vielleicht selbst potenzieren, sofern wir Menschen unsere Welt noch nicht zerstört haben. Wir werden dann auch keine Menschen mehr aus Fleisch und Blut sein und Organverpflanzungen erschienen uns zum Beispiel sinnlos und lächerlich. Logisch wäre allerdings, dass sich unsere Gedankenenergien gegenseitig zerstören könnten, wenn wir nicht zuvor eine höhere sittliche Stufe der Ethik erreicht hätten.

Wir Menschen sehen also in erster Linie die vorhandene Materie im Universum. Der universelle spirituelle Geist strebt nicht nach willkürlicher Allmacht, er heißt auch nicht Gott, aber es ist die Aufgabe des Menschen, zu lernen, mit seiner Intelligenz über verlockenden Ruhm, Macht und Reichtum hinwegzublicken, damit wir menschliche Wesen mit Leib und Seele und spirituellem Geist uns die Zukunft für ein höheres Sein nicht zerstören.

Die Metanoia des Paulus

Metanoia hat die Bedeutung eines Umdenkens, einer Änderung der eigenen Lebensauffassung, der Gewinnung einer neuen Weltsicht.

Paulus wurde als Saul um 10 n. Chr. in Tarsus geboren und machte eine Ausbildung als Pharisäer und Thora-Lehrer, er war auch Zeltmacher von Beruf. Er vertrat das jüdische Gesetz, die oberste religiöse und politische Instanz und gleichzeitig das oberste Gericht. Er hatte die römische Staatsangehörigkeit bzw. einen römischen Pass. Er sprach Hebräisch, Griechisch und Latein. In der oben genannten Funktion war er auch beauftragt, die Steinigung des später so genannten heiligen Stephanus zu beaufsichtigen. Dieser war in einen Konflikt mit den Sadduzäern, einer altjüdischen konservativen Partei, geraten, die als Tempelpriester einen hellenischen Tempelkult pflegte, den der Stephanus als Wortführer einer Gruppe ablehnte.

Paulus hatte um 32 das sogenannte »Damaskus-Erlebnis«, also eine visionäre Erscheinung, in der er den gekreuzigten Christus am Himmel gesehen haben will. Vorausschicken muss man allerdings, Paulus war zu dem Zeitpunkt erst 22 Jahre alt, damals also durchaus im Mannesalter. Paulus war kein Freund der Christen, im Gegenteil, er verfolgte sie mit seiner Truppe, ließ sie gefangen nehmen oder hat sie an Ort und Stelle umbringen lassen. Es ist sehr unwahrscheinlich, dass er in dieser Angelegenheit über eine römische Jurisdiktionsgewalt verfügt hat. Paulus ist Christus persönlich nie begegnet. Es kann ihm auch nicht bewusst gewesen sein, dass der römische Prokurator Pilatus sich sehr schwer tat damit, auf Verlangen der Sadduzäer der Kreuzigung des Christus zuzustimmen. Pilatus' Ausspruch: »Ecce homo«, den Johannes mit »Sehet, welch ein Mensch« übersetzt hat, ist bis auf Weiteres unvergessen. Paulus war also kein persönlicher Anhänger Jesu Christi und auch kein Apostel.

Nach seinem Damaskus-Erlebnis änderte sich die Sache natürlich. Die Erscheinung am Himmel kann allerdings auch eine real existierende Erscheinung gewesen sein. Ein Naturphänomen, das zwar selten zu sehen ist, aber durchaus einem Menschen einen gewaltigen Schrecken einjagen kann.

Es gibt Wetterlagen mit einer sehr hoch reichenden diesigen Wolkenschicht, die aus Eiskristallen besteht und in denen sich eine zweite Sonne spiegelt. Die zweite Sonne sieht der Mensch gleich hell und gleich groß, jedoch mit einem deutlichen, aber nicht sehr großen Abstand. Die zweite Sonne ist real vorhanden, keine Fata Morgana, also eine Luftspiegelung, die man in Bodennähe beobachten kann und die durch die Erdkrümmung entsteht. Paulus sah diese zweite Sonne und das, was er sehen wollte, er sah eben das, was ihn seelisch belastete. Für Paulus war es das Zeichen des gekreuzigten Christus am Himmel. Es war auch die Stimme seiner eigenen Seele, die zu ihm sprach. »Warum verfolgst du mich?«, soll diese Stimme gesprochen haben. An dieser Stelle geht es nicht darum, die tatsächlichen Geschehnisse im Detail offenzulegen, sondern es soll herausgestellt werden, was mit einem Menschen geschieht, den ein schlechtes Gewissen plagt. Spontan bewertete Paulus das Zeichen am Himmel als einen real existierenden, unumstößlichen Hinweis von Gott. Christus starb am Kreuz auf Golgatha um 28/29 n. Chr. Der zeitliche Abstand zu Paulus' Damaskus-Erlebnis um 32 war also recht klein. Paulus hatte bis zu diesem Zeitpunkt, als er noch die Christen verfolgte, keine Informationen über das Leben und Wirken des Jesu Christi. Christus war nur einer unter den Christen. Seine Hinrichtung am Kreuz hatte aus Paulus' Sicht absolut seine Richtigkeit, im Besonderen wegen seiner umstrittenen Meinung: »Der Messias kommt nicht mit äußerlichen Gebärden, man wird auch nicht sagen: Siehe, hier oder da ist er, denn sehet, das Reich Gottes ist inwendig in euch.« Noch schlimmer war das, was Paulus vom Hörensagen wusste: dass alle Menschen Kinder Gottes seien und auch Jesu ein Sohn Gottes. Das reichte allein schon als Grund, um diesen Mann kreuzigen zu lassen. Einzig und allein die gläubigen Juden seien das von Gott auserwählte Volk, davon war Paulus fest überzeugt, jedenfalls bis zu diesem Tag der Erscheinung am Himmel. Von nun an begann bei Paulus ein grundlegendes Umdenken, denn nichts im Leben eines Menschen hat einen höheren Wert als ein ruhiges Gewissen. Jetzt galt es für Paulus zu erforschen, was die Christen mit der Vergebung der Sünden vor Gott gemeint hatten. Paulus kann zu diesem Zeitpunkt kein Apostel gewesen sein. Erst jetzt begann er damit, über Christen etwas in Erfahrung zu bringen. Was er brauchte, waren authentische Zeugen und Begleiter Christi. Das wurde allerdings recht schwierig, denn sein Ruf als Christenverfolger eilte ihm voraus und er war überall als solcher noch zu bekannt.

Paulus war ein gewiefter Stratege, vor allen Dingen dadurch, weil er sich sicher war, die Stimme Gottes gehört zu haben, und es ging ihm besonders um sein eigenes Seelenheil. Bildung ist immer in erster Linie das, was der Mensch von seinem Lehrer mitbekommen hat. Das reichte ihm. Paulus studierte die fünf Bücher Mose, den Pentateuch, und suchte nach dem Hinweis von Gott und der Bestätigung, dass Christus der von den Juden erwartete Messias sein müsse. Er betrachtete sich spontan selbst als der von Gott auserwählte Apostel, der das neue Evangelium mit der Kreuzigung und Auferstehung Jesu Christi als Sohn Gottes der Welt mitteilen solle. Kurz gesagt, Paulus suchte im Pentateuch nach dem, was er auch finden wollte, und verfasste in der Folge ein Dutzend Briefe, die er dann bei seinen Missionsreisen verbreitete. Paulus galt vielleicht als Exeget, als Experte für Bibelauslegung, übersah aber in seinem Übereifer den alles entscheidenden Hinweis, dass Gott selbst niemals der Ermordung seines Sohnes zugestimmt hätte. Im Textder Biibel heißt es, Abraham verließ um das Jahr 2000 v. Chr. seinen Geburtsort Ur, ging zunächst nach Haran im nördlichen Mesopotamien und von dort aus nach Palästina. Dort geschah es, dass ihm – als er im Begriff war, seinen einzigen Sohn Gott zum Opfer zu bringen – plötzlich Einhalt geboten wurde. Ein Widder befand sich an der Stelle des Kindes. Und von diesem Augenblick an verbot der Kult des Volkes Israel Menschenopfer. In den Augen des ewigen Gottes seien sie keine Form der Anbetung, sondern eine Gräueltat. Aus Sicht des Pharisäers Paulus hätte er niemals die Kreuzigung Christi als Wille des allerhöchsten Gottes Israel erlauben dürfen. Christus wurde als Häretiker und Ketzer von den Sadduzäern angeklagt und hingerichtet.

Paulus hatte nach seinem Damaskus-Erlebnis keine wirklichen Kenntnisse über das Leben und Wirken des Mannes Jesus Christus. Für Paulus war der Inhalt der Botschaft Christi, die dieser der Welt mitzuteilen hatte, zu Beginn seines Wirkens zweitrangig. Das alles Entscheidende für ihn war das Zeichen am Himmel und die daraus resultierende Tatsache, dass Christus der leibhaftige Sohn Gottes war. Die später daraus entstandene katholische Mythologie und Erlösertheorie musste von Paulus in den darauffolgenden Jahren erst noch entwickelt werden. Somit kann man nicht Petrus, sondern allein Paulus als den Gründer der neuen katholischen Mythologie bezeichnen. Paulus hat Zeit seines Lebens Christus als Denker, Philosoph und Gründer seiner alles umfassenden Ideologie, »Gott ist inwendig in allen Menschen«, nie verstanden.

Einzig und allein seinem schlechten Gewissen haben wir es zu verdanken, dass wir römisch-katholisch geworden sind. Christen müssen wir erst noch werden.

In Tacitus, Annalen XV, 44, heißt es: Nero suchte einen

Sündenbock und bestrafte mit beispielloser Grausamkeit eine wegen ihrer Sitten und Gebräuche verhasste Gruppe von Menschen, die man im Allgemeinen Chrestianer nannte. Zahllose von ihnen wurden verhaftet und weniger der Brandstiftung als ihrer verächtlichen Einstellung zum Menschengeschlecht wegen schuldig gesprochen. Hohn und Spott begleiteten ihr Ende: Man wickelte sie in Tierhäute und ließ sie von Hunden zerfleischen oder schlug sie ans Kreuz und zündete sie in der Dämmerung an, so dass sie in der Nacht als Fackeln dienten. Die Hinrichtung des Paulus hatte bereits im Jahre 64 stattgefunden.

Weiter heißt es, der Tradition nach habe auch der Apostel Petrus zu denen gehört, die bei der ersten Christenverfolgung gekreuzigt wurden, doch ob er wirklich in Rom starb, ist zweifelhaft. Die große Verfolgung der Christen sollte aber erst um 300 beginnen.

Planet Erde ist nicht allein

Die Konstellation unseres Planeten Erde in unserem Sonnensystem ist so genial konzipiert, dass der Mensch auch heute noch geneigt ist, von einem genialen Entwurf einer höheren Intelligenz zu sprechen: erstens die Entfernung der Erde zur Sonne, zweitens die Rotation der Erde um die eigene Achse und drittens die unverrückbare Schrägstellung der Erdachse im kosmischen Raum, die die Erde während der gesamten Umlaufbahn um die Sonne beibehält.

Dadurch entstehen die Jahreszeiten, die Atmosphäre, also die Lufthülle der Erde. Nur kurz einen Vergleich mit dem Planeten Venus. Nach Größe, Masse und Dichte sind Venus und Erde einander sehr ähnlich. Venus ist der Sonne näher, jedenfalls zu nah, was aber nicht allein entscheidend ist. Die langsame, rückläufige Rotation der Venus führt zu einer Sonnenlichtperiode von rund 59 Erdentagen, darauf folgt eine ebenso lange Periode der Dunkelheit. Die höchste Oberflächentemperatur auf der Venus beträgt ca. 500 °C, was keine besonders einladenden Bedingungen für Lebewesen sind. Bei dem Planeten Merkur, der am nächsten um unsere Sonne kreist, sind die Parameter noch wesentlich komplizierter.

Jetzt zu meiner Annahme und Vorstellung, warum unsere Erde nicht der einzige bewohnbare Planet im gesamten Universum sein kann. Unsere Galaxis, die Milchstraße, enthält ca. 100 Milliarden Sterne, alle Sterne sind Sonnen, und um die Sonnen kreisen wie in unserem Sonnensystem die Planeten.

Wir gehen aber gedanklich über unsere Galaxis hinaus, wenden uns sofort auch außergalaktischen Sternensystemen zu und kommen somit zu der Annahme, dass unser Sonnensystem niemals die alleinige Ausnahme im gesamten Universum sein kann, die einen Planeten mit Lebewesen mit sich führt. Mathematiker könnten auch mindestens eine gewisse Anzahl an bewohnbaren Planeten nennen, sie würden niemals falschliegen, denn die Möglichkeiten sind unendlich.

Durch diese Betrachtungen soll deutlich gemacht werden, dass ein von Menschen gedachter Gott, der dazu noch seinen Sohn kreuzigen lassen muss, nicht der Schöpfer aller Galaxien sein kann. Wir Menschen müssen uns also um ein neues Gottesverständnis bemühen. Es wäre schlichtweg dumm, wenn wir in anderen Galaxien nicht nur Menschen, sondern nicht auch noch höhere Intelligenzen, als wir Menschen es sind, vermuten würden. Aber allein die Vorstellung macht uns schon Angst. Darum ist es nicht verwunderlich, dass auch heute noch in vielen Religionen andersdenkende Menschen verfolgt und gefoltert werden.

Menschen handeln nach ihrem Gottesverständnis und kämpfen in Wahrheit gegen ihr eigenes »Nichtwissen«. Gott offenbart sich nicht in dieser Welt, jedenfalls nicht so, dass Menschen im Namen Gottes Gottes Geschöpfe töten dürfen.

Nikolaus Kopernikus gilt als der Begründer der kopernikanischen Wende. Er nannte sie selbst die kopernikanische Revolution. Der Grieche Claudius Ptolemäus, geboren um ca. 100 n. Chr. in Ägypten, hatte bereits ein Weltsystem entworfen und gezeichnet mit der Erde als Mittelpunkt. Es wurde das geozentrische System genannt und konnte auch später von der katholischen Kirche so akzeptiert werden. Die kopernikanische Entdeckung nannte man das heliozentrische Weltbild.

Kopernikus veröffentlichte sein Werk um 1543. Als Domherr war er sich bewusst, dass seine neue Weltsicht bei der katholischen Kirche auf Ablehnung stoßen würde. Schließlich hatte Gott die Erde in sieben Tagen erschaffen. Aber Isaac Newton (1643–1727) veröffentlichte 1687 sein Buch »Principia Mathematica«, worin er die Gravitationsgesetze darlegte, vervollkommnet mit wissenschaftlichen Beweisen, das Weltbild der

Neuzeit. Jedoch nicht so für die katholische Kirche. Galileo Galilei musste 1633 in Gegenwart des Papstes Urban VIII. der kopernikanischen Lehre abschwören. Die päpstliche Inquisition war zu diesem Zeitpunkt schon mehr als 200 Jahre allgegenwärtig. Die katholische Kirche hatte bereits den Philosophen Aristoteles (384–322 v. Chr.) für ihre Ideologie in Anspruch genommen, dabei aber übersehen, dass Aristoteles gesagt hatte, die grundsätzliche Bestimmung des Menschen sei es, die Welt zu erkennen. Die kopernikanische Wende kann man als Paradigma betrachten mit der Erkenntnis, dass der Mensch grundsätzlich nicht in der Lage sein kann, eine Gottestheorie zu entwickeln, so wie er es mit der Bibel, also mit der Thora zum Beispiel getan hat.

In den Mythen vieler Religionen ist immer wieder von Offenbarungen die Rede, es sollen direkt von Gott ausgesprochene Mitteilungen sein, wie etwa die Zehn Gebote des Mose. Damit würde Gott aber die grundsätzliche Bestimmung des Menschen, sich weiterzuentwickeln, aushebeln. Besonders die Zehn Gebote sind typische menschliche Erkenntnisse ihrer Zeit. Sie sollen von Gott ausgesprochen worden sein, um ihnen mehr Gewicht zu verschaffen. Religiöse Mythen sollten nur dann Kritik erfahren, wenn sie dringend durch neue logische Erkenntnisse ersetzt werden müssen.

Der Mensch, eine Erfahrung des Universums

Das Universum, das Ganze, das zu einer Einheit zusammengefasste Weltall.

Das Sonnensystem, die Erde, ein Teil des Ganzen.

Der Mensch ist existent als ein lebendes Wesen, physisch vorhanden mit einem Körper und einem mentalen Geist, mit einer Seele und einem spirituellen Geist, der als universelle kosmische Intelligenz und Energie gedacht wird. Mit dem Glauben an die Unsterblichkeit der Seele ist die Unsterblichkeit des spirituellen Geistes gemeint. Der spirituelle Geist ist ewig, kann nicht aufhören zu existieren und ist inwendig in allen Lebewesen und in jedem Menschen, ohne Ausnahme. An dieser Stelle dachte sich der Mensch Gott. Er sah Gott ausgestattet mit Omnipotenz, also mit absoluter göttlicher Allmacht. Das war naheliegend, denn die frühen Hochkulturen der Menschheit wurden von Herrschergestalten regiert.

Die Welt hat sich besonders durch den Menschen drastisch verändert, jedoch in seiner geistigen Haltung zu Gott ist der Mensch durch den Einfluss der Religionen auf breiter Ebene stehen geblieben. Die Wunschvorstellung des Menschen, dass unsere Welt von einem allmächtigen Gott regiert wird, wurde von einem Mann, einem Laienphilosophen und Denker namens Jesus Christus, geboren um etwa 4 v. Chr., im Wesentlichen drastisch unterbrochen. Sein Credo: Gott ist inwendig im Menschen. Der Elementarsatz seiner Philosophie lautete:

»Das Reich Gottes kommt nicht mit äußerlichen Gebärden, man wird auch nicht sagen, siehe, hier oder da ist es, denn sehet, das Reich Gottes ist inwendig in euch.«

Jesus Christus hatte also erkannt: Der ewig existierende, unzerstörbare spirituelle Geist ist inwendig in allen Dingen und somit auch inwendig im Menschen. Jesus war Jude, Judaismus ist eine der ältesten Religionen der Welt, und mit seinem Elementarsatz zog er sich die Gegnerschaft seiner Glaubensgemeinschaft zu.

Der spirituelle Geist kann von uns Menschen in letzter Konsequenz nur als universelle kosmische Intelligenz gedacht werden, die zwar in jeder Seele eines Menschen vorhanden sein muss, sonst gäbe es den Menschen nicht, jedoch nicht als richtungsorientiert in direkter Form für die Schaffung einer besseren Welt zuständig. Der spirituelle Geist äußert sich nicht durch einen Willen, kann aber in der Seele des Menschen über sein Gewissen wirkend wahrgenommen werden. Das Gewissen besteht jedoch auch und sogar im Wesentlichen aus dem Einfluss der Welt, in die wir hineingeboren werden. Vorhanden ist der spirituelle Geist in jedem Menschen, sowohl in dem guten als auch in dem bösen. Der spirituelle Geist ist nicht Gott in dem Sinne, wie Gott bisher vom Menschen verstanden wurde. Der spirituelle Geist steht auch nicht näher zu Gott, denn dann hätte Gott doch wieder durch die Hintertür den Ist-Zustand dieser Welt zu verantworten. Dann würde diese Welt dem Willen Gottes entsprechen, mit allen von dem Menschen verursachten Grausamkeiten, die er im Namen Gottes ausübt und ausgeübt hat.

Der spirituelle Geist überlässt dem Menschen seine Entscheidungskompetenz. Das erklärt, warum Menschen in ihrem fanatischen Wahn diese unsagbaren Gräueltaten in unserer Welt ausüben dürfen, ohne dass der spirituelle Geist, oder Gott, den wir uns bis hierher gedacht haben, eingreift und Einhalt gebietet. Der spirituelle Geist ist inwendig in uns Menschen. Es ist einzig und allein dem Menschen überlassen, diese Welt zu gestalten oder eine bessere Welt zu schaffen.

Viele Menschen und Wissenschaftler beschäftigen sich in erster Linie mit der Materie im Universum, versuchen kosmologische Fragen unserer Zeit zu klären und wollen uns Laien die Urknalltheorie schmackhaft machen. Wie sollten sie auch die Existenz des universellen spirituellen Geistes erklären, ohne wieder auf eine Gott-Theorie zurückgreifen zu müssen? Die Wissenschaft fühlte sich allerdings schon immer mit dem vom Menschen falsch gedachten Gott auf Augenhöhe.

Der deutsche Physiker Werner Heisenberg und der dänische Physiker Niels Bohr gelten als die Begründer der Quantenmechanik. Im Gegensatz zu Ludwig Wittgenstein sagt Heisenberg: Über das, worüber wir nicht sprechen können, müssen wir nicht schweigen, sondern reden, bis wir eine Verständigung erreicht haben. Ein wirklich gut gemeinter Gedanke, der aber leider immer noch an der wissenschaftlichen Fachsprache, die für den Normalbegabten unerreichbar bleibt, scheitern muss.

In Rom hört man den Satz:« Gott ist nicht katholisch«. Dieser Satz kann die katholische Mythologie verändern, denn die Katholiken sind oftmals keine Christen in dem Sinne, wie ich Jesus Christus interpretiere. Die Kreuzigung Christi war Mord. Der Mensch darf jedoch Gott nicht als »Mörder« denken.Das schändlichste und schlimmste Verbrechen aber, wozu der Menschen fähig ist, ist Folter. Das liegt auf der Hand, ein allmächtiger Gott würde niemals foltern.

Die katholische Kirche hat den Weg bereitet für den sogenannten »Islamischen Staat«.Tausende Häretiker sind durch den Einfluss der katholischen Kirche auf dem Scheiterhaufen verbrannt worden. Niemals ist der Mensch grausamer, als wenn er im vermeintlichen Namen Gottes richtet. Der gute Ruf des Gutmenschen Jesus Christus ist von der katholischen Kirche aufs Schändlichste missbraucht worden. DEUS CULPA.

Der spirituelle Geist strebt nicht nach willkürlicher Allmacht, er heißt auch nicht Gott, aber es ist die Aufgabe des

Menschen, zu lernen, mit seiner Intelligenz über das Vergängliche, über verlockenden Ruhm, Macht und Reichtum hinwegzublicken, damit wir menschliche Wesen mit Leib und Seele und spirituellem Geist uns die Zukunft für ein höheres Sein nicht zerstören.

Am Anfang war die Lust

Menschheitsprobleme können nur von Menschen gelöst werden. Allzu lange haben die Menschen Gott um die Lösung ihrer Probleme gebeten. Menschen stürzen sich wie die Lemminge mit hohem Risiko ins Meer, um in eine andere Volkswirtschaft zu gelangen, von der sie sich Bedingungen zum einfachen Überleben versprechen. Eine Volkswirtschaft kann aber nur so lange Menschen aufnehmen, wie sie als Wirtschaft funktioniert. Das Kernproblem ist doch, dass in den Herkunftsländern die Wirtschaft so aufgebaut werden muss, dass die Menschen auch in ihrer Volkswirtschaft überleben können. Dazu kommt noch das Problem der Überbevölkerung. Die Familien produzieren mehr Menschen, als sie ernähren können. Die Missionare haben die Geburtenregelung Gott überlassen. Hier muss die westliche Welt den Hebel ansetzen und Aufklärung betreiben.

Flüchtlinge, die zum Überleben fliehen müssen, landen zumeist in einem Flüchtlingslager. Hier müssen sie extreme Entbehrungen ertragen, die dazu führen, dass die Menschen wenigstens noch ihre Sexualität ausleben wollen. Daraus resultiert unweigerlich eine Bevölkerungszunahme innerhalb der Lager. Die Steuerung der menschlichen Sexualität ist das Menschheitsproblem schlechthin, auch wenn die Dringlichkeit des Problems in den führenden Industrienationen noch nicht erkannt wird.

Sichtbar wird das Problem mit der Luftverschmutzung in den Städten. Der Motor der Wirtschaft ist der Konsum. Das war natürlich nicht immer so. Ökonomen waren bisher nicht in der Lage, die Entwicklungen der Volkswirtschaften treffend vorauszusagen..

Es ist aber an der Zeit, dass Soziologen und besonders Berufsphilosophen das Wesen der Menschheit neu untersuchen. Was würde daraus resultieren, wenn weltweit keine Kriege mehr stattfinden würden? Die gesamte Rüstungsindustrie würde als Wirtschaftsfaktor wegbrechen.

Aber dass die Weltbevölkerung dann explosionsartig ansteigen würde, dürfte jedem einleuchten. Heißt das also, wir brauchen den Krieg, damit wir Menschen uns lustig weiter fortpflanzen dürfen? Liegt hier die Ursache dafür, dass große Weltreligionen uns Menschen die Erbsünde einreden wollen? Die Lust als Erbsünde? Nietzsche meinte: »Alle Lust will Ewigkeit – will tiefe, tiefe Ewigkeit.« Doch lässt sich Ewigkeit nicht steigern. Die Ewigkeit und der Himmel werden uns Menschen auf dieser Erde vorläufig noch vorenthalten.

Allerdings können wir Menschen erkennen, dass die wachsende Weltbevölkerung schon heute das eigentliche Problem darstellt. Beispiel Wohnraumbeschaffung, sie stößt auf Profitgier und löst das Problem, wenn überhaupt, nur für die Dauer, bis der Nachwuchs der Familien ausziehen muss. Wie soll dann bei den vorherrschenden Grundstückspreisen neuer Wohnraum geschaffen werden?

Gier zerstört wirtschaftliches Wachstum.

Die menschliche Sexualität kann nicht gestoppt werden, sie ist der Motor des Lebens. Allerdings, die Sexualität in geregelte Bahnen zu lenken, besonders bei Menschen, die aus anderen Kulturkreisen zu uns kommen, wird uns nicht erspart bleiben.

Im Fernsehen sahen wir einen stolzen Familienvater aus Palästina, der uns seine vierzehn Töchter vorstellte. Diese Frauen werden irgendwo verheiratet, und wenn sie zu uns kommen, benötigen wir schon sehr bald gleich vierzehn Wohnungen. Die sexuelle Lust ist also ein Problem der Menschheit.

Schauen wir auf das Leid aller Kriege in der Welt. Ist der Mensch, der Homo sapiens, in Wahrheit doch zu dumm, um Frieden zu schaffen auf dieser Erde? Da erfindet der Mensch eine Schusswaffe, wohl wissend, dass er, der Mensch, die sittliche und ethische Reife dafür bis heute noch nicht erreicht hat. Kriegführen verschafft dem Menschen oft die Befriedigung an der Lust zum Töten. Besonders dann, wenn der Mensch im Namen Gottes töten darf.

Gehören die sexuelle Lust zu zeugen und die Lust zu töten eng zusammen? Hat uns die Anthropologie gewissenhaft aufgeklärt? Oder wartet auch die Wissenschaft darauf, wie die Ökonomen, dass sich die Probleme der Menschheit von selbst lösen? Der Mensch ist auf der Welt, um zu lernen, und es gibt noch viel zu tun, bis wir ausgelernt haben und die Welt nicht mehr brauchen.

Der Imperativ lautet also: Religionen aller Welt, vereinigt euch!

Es ist unsagbar dumm, wenn die großen Weltreligionen jede für sich hier auf der Erde tatsächlich einen Gott vertreten wollen. Ein Krieg der Götter wäre unausweichlich und den hatten wir allerdings noch nicht.

Das Gebet zu Gott

Das Bedürfnis des Menschen, an einen liebevollen, schützenden Gott glauben zu können und zu diesem Gott zu beten, ist vermutlich so alt wie die Menschheit selbst. Nachfolgend die Statue eines Beters aus Babylonien aus dem Jahr 2600 v. Chr. Seit Jahrtausenden wurde nun von den Religionen, jeweils ihrer Fassung entsprechend, den Gläubigen der einzige wahre Gott angeboten. Das natürliche Bedürfnis des Menschen, zu Gott zu beten, gelangte somit nahezu ausschließlich in die Hand der Kirchen und Konfessionen.Kirchen und Gotteshäuser wurden errichtet und in der Regel wurde in einer großen Gemeinschaft gemeinsam gebetet. Bis hierher ist zu der Praxis und gegen das Bedürfnis des Menschen zu beten nichts einzuwenden. Jedoch entwickelten die Theologen der Konfessionen nahezu sofort fundamentalistische Ideologien, die sich auf den einzig wahren Gott festlegten. Allerdings war keine Religion in der Lage, einen real existierenden Gott zu beweisen. Fundamentalismus wurde zur Ohnmacht des »Nichtwissens«. Die unmenschlichen skandalösen Folgen ließen nicht lange auf sich warten. Der Katholizismus, Geist und Lehre des katholischen Glaubens, hat durch die Inquisition Häretiker zu tausenden auf dem Scheiterhaufen verbrannt. Das alles im Namen Gottes, zu dem die Menschen beteten. Der bis dahin von Menschen gedachte Gott mit einem Willen hätte der Logik entsprechend diese Grausamkeiten niemals verantworten können. Die dafür verantwortlichen Päpste und weltlichen Gerichte wussten es in Wahrheit besser, denn ihnen war klar, der gekreuzigte Jesus Christus hätte diese an Menschen auszuüben niemals zugestimmt.

Wie soll der Mensch nun beten? Gott ist nicht katholisch, so weit ist man auch in Rom schon gekommen. Demzufolge ist

Gott auch kein Gott einer anderen Religion. Wir Menschen denken Gott als »Ich«-Person, und das ist falsch.

Wie bereits oben im »Traktat Gott« geschildert, ist das Wort »Gott« eine Bezeichnung für das »Höhere«. Jesus Christus hat entdeckt, dass der Mensch zu der höheren Ebene a priori eine Verbindung hat. Diese Erkenntnis konnte er dadurch gewinnen, dass er selbst, vielleicht nur für einen kurzen Augenblick oder auch mehrmals, eine Verbindung zur höheren Ebene erfahren konnte. Jedoch wird nur wenigen Menschen hier auf der Erde diese Erfahrung zuteil. Im Zusammenhang mit Nahtoderfahrungen allerdings schon häufiger.

Das höhere Selbst in uns Menschen kann einen Zugang zu der höheren Ebene, die wir bisher Gott nannten, herstellen. Ein unerschütterlicher Glaube daran, dass jeder Mensch mit seiner Seele eine Verbindung zu dem »Höheren«, das jenseits von Raum und Zeit existent ist, besitzt, ist dafür Voraussetzung. Jesus Christus hatte diesen unerschütterlichen Glauben. Das ist übrigens auch die Weihnachtsbotschaft, die allerdings rein gar nichts mit der Krippenmythologie zu tun hat.

Das »Höhere« ist grundsätzlich nicht auf der grobstofflichen materiellen Erde zu finden und dort tätig. Aber genau das wollen die Menschen, einen Gott, den sie ansprechen können, mit dem sie Kriege gewinnen können und der nur für ihren religiösen Glauben tätig ist. Jeder logisch denkende Mensch müsste diesem Gott eine grenzenlose Dummheit bescheinigen. Es gibt also nur in den Köpfen der Menschen einen Gott, den man beleidigen kann. Auch wenn Goethe dazu sagt: »Keine Zeit und keine Macht zerstückelt geprägte Form, die lebend sich entwickelt«, so muss es die Zeit am Ende doch bringen. Die Meinung der Fundamentalisten lässt sich sicherlich nicht ändern, aber an der Basis der religiös Gläubigen lässt sich etwas verändern. Dazu sollen diese Aufzeichnungen einen kleinen Beitrag leisten. Die absolute Gewissheit, dass alle Menschen auf der Welt eine Verbindung zu Gott, also zu dem »Höheren«, besitzen, befähigt uns dazu, in jeder Religion und jeder Konfession zu beten.

Hinweise von Gott und die fiktive Welt II

Das Alter der Erde beträgt etwa 5 Milliarden Jahre, Leben auf der Erde gibt es seit ca. 2,5 Milliarden Jahren.

Ich unternehme hier keinen anthropologischen Exkurs mit der Absicht, die Entstehungsgeschichte der Menschheit zu erklären, sondern den Versuch, den Ursprung des menschlichen Bedürfnisses herauszufinden, sich für diese Welt, also für diesen Planeten Erde, einen Schöpfergott zu denken.

Als der Mensch im frühen Stadium anatomisch-morphologisch noch der Tierwelt zuzuordnen war, existierte für diese Welt praktisch noch kein Schöpfergott. Erst als ihm, dem Menschen, in seinem weiteren Entwicklungsprozess ein Bewusstsein seiner selbst zuteil wurde, erhielt er auch ein Erkennen darüber, dass sein Dasein in dieser Welt einen Sinn haben muss.

An dieser Stelle könnte man sogleich die Adam-und-Eva-Geschichte einflechten, obwohl sie sicherlich erst Jahrtausende später erfunden wurde. Aber ich möchte zunächst auf einen anderen Gedanken zurückgreifen, nämlich auf die Tatsache, dass der Urmensch früher auch einmal ganz sicher Menschen gegessen hat und dass er bei einem Tötungsvorgang ein Schlüsselerlebnis im Hinblick auf seine weitere Entwicklung gehabt haben könnte. Hier als Fiktion dargelegt, in der Annahme, dass die Tötung nicht im Zuge einer Verteidigung oder eines vorausgegangenen Zweikampfes stattgefunden hat, sondern durch Ausnutzen einer günstigen Gelegenheit in Form von Anschleichen von hinten zum Beispiel, wie bei der Jagd eines anderen Beutetiers.

Nun, in diesem Fall könnten bei dem Jäger die ersten Zweifel und Bedenken über die Notwendigkeit seiner Handlung aufgekommen sein, also so etwas wie eine Gewissensfrage. Es ist auch gut denkbar, dass dieser Jäger beispielsweise zuvor ein gegenteiliges Erlebnis gehabt hat in der Form, dass ein anderer Jäger ihn mühelos, zum Beispiel beim Fischen an einem Gewässer, hätte töten können, aber weiter seines Weges gegangen ist und auf seine Beute verzichtet hat. Immerhin mit einem befriedigenden Erlebnis für den Davongekommenen.

Das Denkmodell soll hier verdeutlichen, dass dem Menschen im Laufe seines Entwicklungsprozesses eine gewisse Wertschätzung seiner selbst widerfahren sein muss und damit verbunden ein kosmisches Gewissen. Denn der Mensch wird ursprünglich entweder nur zur Verteidigung oder zum Zweck seiner Nahrungsaufnahme getötet haben. In der übrigen Tierwelt war es nach der Saurierzeit aus meiner Sicht ebenfalls so. Denn auch Raubtiere fressen nicht ihre eigene Gattung. Zum Beispiel jagen und fressen Wölfe keine Wölfe und so weiter. Der philosophische Gedanke zielt darauf hin, dass die Evolution auf unserem Planeten Erde, unserer Welt, nach der Saurierzeit, so kann man es denken, eine Neuordnung der bereits begonnenen Schöpfung, also die Ontologie für diesen Planeten Erde, komplett umgestellt hat.

An dieser Stelle denke ich mir in der Evolution die ersten Hinweise von Gott. Es war allerdings nicht wirklich der Gott, den der Mensch sich in der Folge seines Daseins für diesen Planeten Erde gedacht hat, sondern es war die universelle Energie des Universums, die das Bestreben hat, aller Schöpfung einen Sinn zu geben. Der Mensch muss schon im sehr frühen Stadium seiner Entwicklung über seinen Geist, über das Bewusstsein seiner Seele, eine Verbindung zu dem unendlichen Universum erfahren haben. Diese Verbindung nannte der Mensch unter anderem auch »Gott«.

Der gesamte Kosmos Erde, die Pflanzenwelt, die Tierwelt, wird sich einer Verbindung zum Universum gewahr sein, nur die Tiere besitzen ein unerschütterliches Urvertrauen zu ihrem

Sein. Sie sprechen nicht darüber, so wie wir Menschen. Die Ursache dafür ist die für uns Menschen vom Kosmos zugedachte Eigenverantwortung. Diese Verantwortung will der Mensch nicht übernehmen und verlagert sie auf eine von ihm gedachte Gottheit. Aus diesem Grund erfindet der Mensch sogleich ein Regelwerk, was er von seinem selbst gedachten Gott durch Offenbarung erhalten haben will.

Zum Beispiel die Zehn Gebote und die fünf Bücher Mosis oder deren Taschenbuchausgabe, die wir »Bibel« nennen. Wie unbeschreiblich dumm stellt sich doch der Mensch seinen Gott vor.

Die allergrößte Dummheit kann doch nur die sein, dass der Mensch auch heute noch den Versuch unternimmt, sich in Gott hineinzudenken, und Gott als eine Ich-Person betrachtet, die von außen auf die Welt Einfluss nimmt. Die Auswirkungen dieser irrationalen Gottesvorstellung bestimmen in der heutigen Zeit die Probleme in dieser Welt. Vorläufig macht es Sinn, das Wort »Gott« durch das Wort »Kosmos« zu ersetzen, um zu einer Betrachtung zu gelangen, mit der auch Menschen, die an Gott glauben wollen, leben können.

In Wahrheit ist der spirituelle Geist des Menschen unzerstörbar mit dem Universum verbunden. Metaphysisch betrachtet, erhält der Kosmos, also unser real existierender Planet Erde, von (Gott bzw. von dem Universum (einer für den Menschen nicht fassbaren Kraft) die Aufgabe, ein Regelwerk für die Pflanzen und für die Tierwelt zu entwickeln. (Pantheisten sehen hier Gott selbst tätig.)

Die Anthropologie, die Lehre vom Menschen, seiner Entwicklung, seinen körperlichen und geistig-seelischen Eigenschaften, beantwortet als Wissenschaft dem Menschen mit dem Alltagsverstand nicht wirklich alle Fragen, die er nun einmal hat. Dazu gehört die Frage zum Beispiel: Welche Kraft sorgt dafür, dass die Menschen auf der ganzen Welt ihrem

Geschlecht entsprechend paritätisch geboren werden? Der Sexualtrieb des Menschen ist dem Kosmos offensichtlich nicht genug, es gibt dazu noch die Liebe zwischen Mann und Frau. Damit ist gesichert, dass der Mensch auf der Welt nicht plötzlich ausstirbt. Kann ein Mensch Liebe überhaupt erklären? Die Atomkernprozesse zum Beispiel müssen von einer Kraft, die das so will, dass sie stattfinden, angehalten werden, weiterzulaufen. Die Wissenschaft versucht es mit der Quantenmechanik oder der Quantenphysik zu erklären. Die Wissenschaftler bleiben mit ihrem Expertenwissen zum größten Teil unter sich und können demzufolge viele Menschen nicht mitnehmen. Diese Lücke wurde immer von den Religionen, Sekten und den religiösen Fanatikern ausgefüllt.

Wie ist es möglich, dass Universitäten mit hohem Rang und Namen Religionswissenschaften anbieten, die zu dem Ergebnis führen, dass Angehörige von Religionen im Namen ihres Glaubens, im Namen ihres Gottes einem anderen Menschen den Kopf abschlagen dürfen? Glauben an Gott ist keine Wissenschaft.

Es ist nicht möglich, das Bedürfnis des Menschen, an einen Schöpfergott zu glauben, wissenschaftlich zu begründen. Die für uns Menschen zum Teil noch unerklärbaren Dinge kann man »kosmischer Wille« nennen. Es ist kosmischer Wille, dass die Pflanzen- und die Tierwelt ein Programm erhalten haben, um eine spezielle Gattung zu bilden. Denken wir an die unglaublich faszinierende Unterwasserwelt, die erst in jüngster Zeit von Menschen entdeckt und uns zugänglich gemacht wurde.

Es ist kosmischer Wille, dass der Mensch über sein Schicksal, ein Mensch zu sein, selbst entscheiden lernen muss. Der Mensch ist ein Teil des Universums. In meinem Gedankengang will ich nun das Universum mit dem eingebundenen Sonnensystem und unseren Planeten Erde als das bezeichnen, was bisher in den Religionen als Wille Gottes bezeichnet wurde. Unter der Prämisse, dass alles Existierende in jeder Hinsicht dem kosmischen Willen unterworfen ist, ist es dem religiös denkenden Menschen nicht erlaubt, einen anderen Menschen zu bestrafen oder sogar zu töten, weil er aus seiner Sicht »Gott« beleidigt hat. Ein Mensch ist nicht dazu fähig, den Kosmos zu beleidigen. Damit ist gesagt, er kann auch »Gott« nicht beleidigen.

Will ein gläubiges religiöses Oberhaupt trotzdem einen Menschen zum Beispiel mit Stockschlägen zu Tode prügeln lassen, so vergreift es sich an kosmischem Eigentum. Also auch in dem Sinne an Eigentum von »Gott«. Betrachten wir aber das Universum als den für uns Menschen zuständigen universellen Gott, dann müssen wir Menschen vor diesem Gott in Demut versinken. Niemals darf ein Mensch in seinem Hochmut Gott begreifen wollen und die Anmaßung an sich reißen, im Namen seines gedachten Gottes auf Menschen einzuschlagen, sie zu verstümmeln oder sogar zu töten.

Grundsätzlich muss der auf die Welt gekommene Mensch die Möglichkeit erhalten, sein ihm vom Kosmos zugedachtes Leben auch zu Ende zu leben. Denn der Mensch kann auch noch kurz vor dem Ende seines Lebens zu einer wertvollen Erkenntnis gelangen, die von großer Bedeutung für seine Seele im spirituellen Raum sein kann. Die Menschen, die auf Grund von fanatischem Irrglauben Menschen in den Feuertod geschickt haben oder durch Vergasung vernichtet haben, den Menschen Folterqualen, Misshandlungen, Verstümmelungen, Qualen jeder Art zugefügt haben oder in jeder anderen Art sich an Menschen vergangen haben, haben sich an dem Eigentum des Universums, also an dem universellen »Gott« vergriffen. Es sollte doch jedem Menschen einleuchten, dass ein schändlich geführtes Erdendasein Auswirkungen haben muss auf das, was nach dem Verschwinden des Planeten Erde aus dem Kosmos wird.

Der Planet Erde, in unserem Sonnensystem eingebunden, übernimmt schon eine Vielzahl von Entscheidungen, die wir Menschen nicht als Hinweise von (Gott), sondern als Hinweise aus dem Universum zu werten haben. Naturkatastrophen sind größtenteils vom Menschen selbst verursacht. Der Mensch ist überhaupt das Problem in dieser Welt. Solange der Mensch sich auf Gott verlässt, wird er nicht erkennen können, dass er die Gestaltung dieser Welt tatsächlich selbst übernehmen muss. Der Mensch kann seinen Zeugungsdrang einschränken. Er darf keine Menschen zeugen, die er nicht ernähren kann. Der Mensch hat keinen Anspruch darauf, dass andere Menschen die Versorgung seiner Nachkommen übernehmen, weil er seine sexuelle Lust nicht beherrschen oder in eine andere Richtung steuern kann. Es ist seine kosmische, ethische und sittliche Pflicht, für die gezeugten Kinder zu sorgen, denn sind die Menschen nun einmal auf der Welt, dürfen sie von niemandem beseitigt werden. Keine religiöse Ausrede kann in Wahrheit den Menschen von dieser Pflicht entbinden.

Der Mensch ist einzig und allein dem Kosmos (dem Planeten Erde) verantwortlich. Das ist allerdings auch absolut im Sinne der Schöpfung. Denn Schöpfung will sein.

Die Kinder auf dieser Welt sind ganz sicher dem Kosmos die liebsten Geschöpfe. Allerdings leider nicht, wenn sie an Hunger versterben müssen. Viele Menschen fragen sich auch heute noch, wenn sie Bilder von fast verhungerten Kindern im Fernsehen sehen: Wie kann ein Gott so etwas zulassen?

Es ist der falsche Götterglaube, der es verhindert, dass der Mensch die wahren Hinweise von »Gott«, von dem Kosmos nicht erkennt. Allerdings gibt es Naturkatastrophen, die nicht hausgemacht sind und nicht von den Menschen verhindert werden können. Erdbeben, Überschwemmungen oder Dürrekatastrophen zum Beispiel. In diesen Fällen muss die übrige

Menschheit in die Pflicht genommen werden. Seuchen oder Epidemien können jedoch sehr wohl kosmische Hinweise sein. Der Mensch muss sich fragen: Wie viel Menschen verträgt unser Planet Erde? Gelangen die Exkremente von Menschen und Tieren zurück in den Ernährungskreislauf, ist höchste Alarmstufe geboten. Schon heute ist zu erkennen, dass eine Rückentwicklung zum Minimalismus nicht mehr möglich ist. Gerade die ärmsten Kulturen der Welt sind nicht mehr in der Lage, die Produkte, die sie für ihren Lebensunterhalt benötigen, selbst wirtschaftlich zu produzieren. Die hochtechnologische Nahrungsmittelproduktion der westlichen Agrarfabriken, in denen die Agrarprodukte in großer Menge hergestellt werden, schaltet den für die Bevölkerung notwendigen bäuerlichen Bezug zur Natur und zur Beschäftigung der Menschen aus. Durch den von uns allen so hochgelobten Fortschritt der Technik bleibt zwangsläufig ein Teil der Weltbevölkerung ohne Arbeit. Aber Arbeit ist ein menschliches Bedürfnis. Hier erhalten wir schon wieder Hinweise von »Gott«, vom Kosmos.

Wir Menschen sehen uns also schon heute gezwungen, Maßnahmen zu ergreifen. Aber zuvor sind Erkenntnisse notwendig, die uns der Kosmos liefert, wenn wir bereit sind hinzuschauen. Stichwort: »Geldwert«. Der Humankapitalismus leistet Ansporn zum Geldverdienen. Humankapitalismus nenne ich unsere Wirtschaftsform deshalb, weil sie nahezu ausschließlich auf den Konsum und auch auf den Bedarf der Menschen weltweit beruht. Somit ist Nahrungsmittelproduktion für die Menschen auf der ganzen Welt ohne Zweifel wichtiger als Waffenproduktion. Aber Waffenproduktion schafft Arbeitsplätze. Das Geld, was der produktiv tätige Arbeitnehmer erhält, ist in der Regel ein Geldbetrag, also ein Werteversprechen, das ihm garantiert, dass er in der Höhe dieses Betrags eine Gegenleistung erhalten kann, weltweit. In einem gut funktionierenden Wirtschaftssystem werden dazu auch noch Gewinne, zum

Beispiel durch Wertschöpfung, erzielt. Gewinnmaximierung ist also das Hauptziel eines Wirtschaftsunternehmens. In der Regel mit der Begründung, Investitionskapital anzuhäufen, was zum Mindesten teilweise gerechtfertigt ist. Gerechtfertigt ist jedoch niemals die Tatsache, dass viele Großkonzerne Multimilliarden stapeln und Milliardäre und Multimillionäre ihre Gewinne als Privatvermögen betrachten und nicht wirklich in den Wirtschaftskreislauf zurückführen.

Das ist nicht einmal eine Frage, die nur von den Ökonomen der Weltwirtschaft beantwortet werden muss, sondern schon eindeutig ein Hinweis vom Kosmos aus dem Universum. Nur für eine Handvoll Milliardäre hat sich das Universum unser Sonnensystem nicht gedacht. Die Paläontologen hätten uns Menschen darauf hinweisen dürfen, dass der Kosmos eine Entscheidung getroffen hat zu Gunsten der Fortentwicklung unseres Planeten Erde, die durch Verschiebung der Erdplatten und demzufolge zur Beseitigung der Saurier geführt hat, wodurch dann die Ölfelder entstanden sind und der Weg frei wurde für die Entstehung der Menschheit. Jetzt haben wir zwar die Ölvorkommen, aber ein Riesenproblem mit den Menschen, die jedenfalls bis heute noch nicht mit ihrem plötzlichen Reichtum umgehen können. Reichtum lässt sich transformieren und auch kollektivieren zu Gunsten der Weltbevölkerung. Dazu ist ein Erkennen erforderlich, eben das Erkennen, dass unser Kosmos, unser Sonnensystem ein Ziel verfolgt. Der Monotheismus muss überwunden werden, eben deshalb, weil er seit mehr als dreitausend Jahren die Menschheit von einer Katastrophe in die andere gestürzt hat.

Der Götterglaube war leider in der Entwicklung des Menschen unvermeidbar. Jetzt ist der Mensch bereit zu neuem Denken. Dieses Denken hat schon längst begonnen. Ein Gedanke taucht plötzlich in der Gesellschaft auf und wird dann für eine breite Schicht der Bevölkerung zur selbstverständlichen

Gewissheit. Zum Beispiel der Satz, der vermutlich im Vatikan formuliert worden ist: »Gott ist nicht katholisch.« Dieser Satz ist ein Teil dessen, was vielleicht der Sinn und der Zweck meines Buches bedeutet. Denn daraus resultiert, Jesus Christus ist nicht der Sohn Gottes. Jesus Christus war ein Mensch auf dieser Erde, mit guten Absichten (mehr dazu im vorausgegangenen Inhalt meines Buches). Nachfolgend nun die Erklärung dafür, warum ein monotheistisches »Gott«-Denken falsch ist.

Gott ist für uns Menschen nicht der direkte Ansprechpartner, sondern der Kosmos unseres Erdplaneten, auf dem wir Menschen leben. Dieser Kosmos liefert uns Hinweise, die wir bisher als

Hinweise von Gott gedeutet haben.

Der Kosmos Erde ist eingebunden in unserem Sonnensystem. Das Sonnensystem ist ein Teil unserer Galaxis, die wir auch Milchstraße nennen. Diese Milchstraße ist ein Teil des gesamten Universums. Das Universum erfüllt einen Sinn. Über dem Universum herrscht wiederum der Sinn allen Seins, der Sinn aller Materie. Dieser Sinn ist höchste Energie, vielleicht so etwas wie Gedankenenergie, die auch wir Menschen aufbringen können und die wir bisher irrtümlicherweise als Wille Gottes bezeichnet haben. Diese höchste Energie, so will ich sie denken, ist noch Energie, soll heißen, diese Energie befähigt die Materie dazu, Materie zu sein. An einem Denkmodell will ich es verdeutlichen. Der Mensch zündet eine Atombombe auf der Erde. Wie bekannt ist, wird durch Kernspaltung eine ungeheuerliche Energie freigesetzt. Die höchste Energie, die über der Materie steht und die man vielleicht als immaterielle zu bezeichnen könnte, wäre nun, hypothetisch betrachtet, in der Lage, den Kernspaltungsprozess zu stoppen. Jedoch ist diese Energie nicht als willkürliche Energie Gottes zu sehen. Die Atombombe wird explodieren und die Folgen werden nicht von der höchsten Energie rückgängig gemacht, auch dann nicht, wenn die Menschen die ganze Welt zerstören. Der Kernspaltungsprozess bleibt weiterhin irreversibel, im Weltraum geschehen täglich Kernspaltungsprozesse, die jedoch für das Universum einen Sinn haben. Der Sinn führt uns zu dem entscheidenden Denken. Befähigt nun die höchste Energie die Materie, muss sie auch reversibel gedacht werden, obwohl nicht bekannt ist, dass so etwas jemals geschehen ist.

Von den Berufsphilosophen wurde dieser Gedanke bereits als Immaterialismus gedacht. Ich bin jedoch der Ansicht, dass die Materie selbst nicht über ein geistig-seelisches Bewusstsein verfügt, sondern dass eine Energie existent sein kann, die als eine höhere Stufe über dem Sein der Materie betrachtet werden soll. Damit ist der »Gott«, den wir Menschen uns als göttliche Omnipotenz bisher gedacht haben, der von außerhalb auf unsere Welt einwirkt, immer noch nicht erklärt.

Deutlich wird allerdings, dass das Wort »Gott« aus meiner Sicht durch das Wort »Kosmos« ersetzt werden sollte, weil es sich um den physisch vorhandenen Menschen handelt, der gebunden ist an den physisch existierenden Kosmos wie alle anderen Lebewesen auf dieser Erde auch. Die physikalischen Zusammenhänge zwischen dem Planeten Erde, der gebunden ist an das Sonnensystem, das wiederum gebunden ist an das ganze Universum, machen doch deutlich, dass dieser Kosmos Erde der vorläufige Sinn des Seins des Menschen ist.

Alle großen Mystiker dieser Welt dachten seit jeher außerhalb des physischen Seins des Menschen ein spirituell-geistiges Sein für die unsterbliche Seele des Menschen. Die Unsterblichkeit der Seele ist auch heute noch fester Bestandteil fast aller religiösen Mythen und Lehren der Menschheit. Das Sein der Seele wird für viele Denker und Theologen dem Bereich »Gottes« zugeordnet. Daher rührt die irrige Annahme, dass der physische Körper des Menschen vor »Gott« eine zweitrangige Rolle spielt.

Betrachten wir aber die vorausgegangenen Ausführungen,

erkennen wir, dass die Materie ebenfalls spirituell-geistig mit dem Universum verbunden sein muss. Genau an diesem Punkt kann ich wieder die fundamentale Erkenntnis des großen Denkers Jesus Christus einfügen mit dem Satz:»Gott ist inwendig im Menschen.« Damit verbunden ist auch eindeutig sein Erkennen, dass aus dem Menschen erst noch ein »Mensch« werden muss. Dass der Mensch seine ihm vom Kosmos zugeteilten Aufgaben auf diesem Planeten Erde zu bewältigen hat, bevor er sich zur Aufgabe macht,»Gott« verstehen zu wollen. Denn uns Menschen muss doch klar sein: Würden wir Menschen über eine die Materie beherrschende Gedankenenergie verfügen, würden wir sie auch in unserer Dummheit einsetzen, genauso wie die physikalisch entwickelte Atombombe. Der Mensch würde nicht nur unseren wunderbaren Planeten Erde zerstören, sondern vielleicht das ganze Universum.

Der Mensch hat in seinem intellektuellen Hochmut noch nicht begreifen können, wie dumm er ist. Der Geist des Menschen kann nicht aufhören zu existieren, er ist nicht an Raum und Zeit gebunden.

Wir können keine Zukunft planen, weil wir noch nicht wissen, ob wir uns nicht doch gegenseitig umbringen wollen. Auch wenn der Atomsprengkopf in der Luft zerstört werden könnte, würde sich die radioaktive Strahlung über den ganzen Erdtrabanten verteilen. Das sind doch Hinweise von Gott.

Zum Glück ist das Leben eines Menschen nicht sehr lang, sodass selbst Tyrannen und Despoten es bisher noch nicht geschafft haben, die ganze Welt zu zerstören. Der Sinn unsres Daseins auf dieser Welt ist es, zu erkennen, dass der Kosmos, also unser Sonnensystem, gemeinsam mit dem Menschen und dem gesamten Universum eine Aufgabe zu erfüllen hat. Vielleicht die Aufgabe, zu erkennen, dass die Unsterblichkeit des menschlichen Geistes zu einer bis jetzt noch nicht vorstellbaren positiven spirituellen Energie entwickelt werden soll. Das Ego des Menschen hat auf Grund seiner Sucht nach Ruhm und Anerkennung im Wesentlichen den Ist-Zustand dieser Welt zu verantworten. Andererseits kam es durch das Geltungsbedürfnis des Menschen um Achtung und Bedeutung in der Gesellschaft zu hervorragenden Erfindungen und Erkenntnissen. Jetzt ist es aber an der Zeit, dass der Mensch seine Egobedürfnisse mehr in die Richtung nach der Suche und nach dem Sinn der Welt in unserem Sonnensystem einsetzt. Hier ein Satz von Peter Sloterdijk: »Ändere dein Leben!« Anderenfalls wird früher oder später die vollständige Enthüllung euch demonstrieren, was ihr in der Zeit der Vorzeichen versäumt habt! Die »vollständige Enthüllung«, so stehen die Worte nun einmal da, sie könnten auch als letzter Hinweis von Gott verstanden werden, gewissermaßen als die Ultima Ratio, wenn nichts anderes mehr Aussicht auf Erfolg hat. Jedoch nicht unter der Prämisse, dass Sloterdijk diesen Satz so verstanden haben will. Genau an dieser Stelle muss ich sofort darauf hinweisen, dass ich Gott anders denke. Ich möchte davon loskommen, das Wort »Gott« noch benutzen zu müssen, weil ich es semantisch noch nicht ersetzen kann. Gott ist weder eine Institution noch wesenhaft noch spirituell, auch nicht als »Chiffre der Transzendenz« (Jaspers) verstehbar. Könnte der Mensch Gott verstehen, wäre der Mensch mit Gott auf Augenhöhe, also selbst Gott. Daher plädiere ich dafür, dass wir Menschen, jedenfalls vorläufig, die Suche nach Gott aufgeben und unsere Suche nach dem Sinn des Seins dort hinlenken, wo wir auch fündig werden können. Also gilt es die Existenz unseres Planeten Erde zu ergründen, jedenfalls in der Konstellation, in der er sich in unserem Sonnensystem bewegt, mit der Schrägstellung der Erdachse, die unverrückbar im kosmischen Raum stehen bleibt, während der Planet eine nicht ganz exakte Kreisbahn um die Sonne beschreibt und sich dabei selbst noch in etwa vierundzwanzig Stunden einmal um die eigene Achse dreht. Diese Fakten sowie der Abstand zu der

Sonne sind im Wesentlichen die Parameter, die das Leben auf der Erde ermöglichen. Der philosophische Gedanke dahinter zielt darauf ab, darzulegen, dass im gesamten Universum nicht nur unsere Galaxis, die Milchstraße, für uns Menschen sichtbar ist, sondern dass auch jedem denkenden Menschen bewusst werden sollte, dass unserem Planeten Erde nur eine geringe Bedeutung zugestanden werden kann. Trotzdem ist es so zu denken, dass unser Sonnensystem einen kosmischen Hintergrund hat, auf Basis einer Absicht des Universums im Hinblick auf eine Mitteilung an uns Menschen. Der Mensch soll begreifen, dass er zwar einen Sinn hat im kosmischen Geschehen, denn nichts ist ohne Sinn. Aber der Mensch soll erkennen, dass er sich von seiner Gottesvorstellung befreien muss, denn in der Unendlichkeit des Universums gibt es noch viel mehr Sonnensysteme und auf höherer Stufe intelligentere Lebewesen als wir Menschen.

Nur für uns Menschen dürfen wir die Existenz des Universums nicht denken. Für uns gibt es ein »Sein« von nur kurzer Dauer auf der Erde, aber es gibt kein »Nichts« im Universum. Das sollte uns Menschen zu denken geben, denn alle Ängste beruhen darauf, ohne Gott ins »Nichts« zu stürzen.

Aus diesem Grunde erfindet der Mensch Gott, um sich durch Anbeten und Glauben an ihn Vorteile zu erwirtschaften. Nichts, aber auch gar nichts sind in Wahrheit göttliche Offenbarungen. Der Logiker und Philosoph Ludwig Wittgenstein war der Meinung: Gott offenbart sich nicht in der Welt. Jedoch Søren Kierkegaard konnte so weit noch nicht gehen. Die kosmische »Absicht«, so wie ich sie nenne, denkt sich der Mensch, zum Teil auch heute noch, als Wille Gottes. Der Wille Gottes steht aber im Widerspruch zur göttlichen Omnipotenz, denn Gott kann niemals noch Wünsche offen haben und noch etwas wollen mögen. Gott dürfen wir uns auch nicht mit einem »Ego-Bedürfnis« denken, sodass er Gefallen daran finden könnte, wenn Menschen ihn anbeten. Gott wäre doch über jede Eitelkeit erhaben. Gott ist auch nicht durch für uns Menschen unvorstellbare Auflagen, Entbehrungen, Überwindungen, Anfeindungen und Versuchungen zu dem unfehlbaren Gott geworden, den wir Menschen uns denken mögen. Obwohl eigentlich jeder Mensch weiß, dass er Gott niemals verstehen kann, ist er bereit, an die absurdesten Theorien, die in die Welt gesetzt worden sind, zu glauben. Da lässt Gott seinen Sohn kreuzigen als Sühneopfer und die dazu passende Krippenmythologie wird erst nach seinem Tod hinzuerfunden. Die fatalen Auswirkungen aller Versuche, der Welt im Monotheismus einen adäquaten Gott zu präsentieren, sind hinreichend als gescheitert bekannt. Von den unzähligen Hinrichtungen von Menschen, die der Manifestierung der Wahrheit Gottes zum Opfer gefallen sind, ganz zu schweigen. DEUS CULPA.

Der Mensch sieht sich selbst als ein armseliges, dem Kosmos hilflos ausgeliefertes Geschöpf, das nur durch die Existenz Gottes, einer mit höchster geheimnisvoller Intelligenz ausgestatteten Gottheit, den Sinn seines Seins finden kann. Das ist aber nicht alles, der Mensch interpretiert Gott als die grenzenlose Liebe selbst, diese Liebe könne der Mensch durch seinen Glauben an Gott erfahren, so könne er sich der Liebe Gottes bewusst werden. Viele gläubige Menschen sprechen von »meiner Liebe zu Gott«. Was der Mensch tatsächlich erfahren und empfinden kann, ist seine absolute, unzerstörbare Verbundenheit zum Kosmos. Nichts, weder Tod noch Folter, kann diese Verbindung zerstören. Jedoch diese Verbundenheit verwechselt der Mensch mit seiner falschen Vorstellung von Gott und seiner Liebe zu Gott. Der Gott, den wir Menschen uns bisher gedacht haben, liebt nicht. Gott kann auch keine Liebe empfangen, Gott vergibt nicht, Gott straft nicht.

Gott ist kein Wesen. Gott ist kein Geist. Wir Menschen können nur beschreiben, was Gott nicht ist, aber was Gott ist, können wir nicht sagen. Denn alles, was von Gott auf den Menschen vermeintlich reflektiert, wäre eine Handlung von Gott. Gott offenbart sich nicht in der Welt, sonst hätte Gott diese Welt zu verantworten. Allerdings ist es der Kosmos, das Universum, das Sonnensystem mit unserem Planeten Erde, was sich sehr deutlich uns Menschen offenbart, wenn wir nur bereit sind hinzuschauen. Nachfolgend will ich eine fiktive Welt im Konjunktiv schildern, die von dem Gott, den die Menschen sich bisher gedacht haben, erschaffen worden sein soll.

Die Welt II

Geophysisch ist diese Welt II durch eine gedachte Achse mit unserer Welt I verbunden. Die Achse geht durch den Mittelpunkt der Sonne und die Welt II liegt der Welt I immer exakt gegenüber. Von der Welt I aus sehen wir die Welt II nie, weil wir nicht durch die Sonne hindurchschauen können. Der Abstand der Welt II zur Sonne sowie weitere physikalische Eigenschaften setzen wir als gegeben voraus. Wir denken uns jetzt, dass Gott diese Welt II allein mit seiner Geistesenergie erschaffen hat.

Kein Urknall, keine Erdzeitalter, keine Saurier, keine Ölvorkommen, kein Werden des Menschen durch Menschenaffen als Vormenschen. Der Mensch als ein real existierender, von Gott gedachter Mensch. In diesem Fall müsste es auch tatsächlich die Liebe Gottes zu den Menschen geben, so wie der Mensch auch seine gezeugten Kinder liebt. Diese Verbindung des Menschen zu Gott wäre real ständig im Bewusstsein des Menschen. Soll heißen, die Zehn Gebote machen keinen Sinn mehr sowie jedes weitere nur denkbare Regelwerk für den Menschen auch nicht. Denn Gott ist inhärent im Menschen. In diesem Fall kann der Mensch nicht gegen Gott handeln. In der Entstehungsgeschichte der Menschheit hat es keine Grausamkeiten gegeben. Für Gott gehört es sich nicht, Menschen nach seinem Ebenbild zu schaffen, die sich gegenseitig fressen. Auf der Welt II hat der Mensch niemals Schusswaffen gebaut, um andere Menschen oder andere Lebewesen zu töten. Der Mensch baut keine Kathedralen oder andere Gotteshäuser. Niemals würde Gott von einem Vater verlangen, dass er seinen Sohn tötet, um ihn Gott als Opfergabe darzubieten. Auf der Welt II gibt es keine Hochhäuser, keine Wolkenkratzer, keine Millionäre oder Milliardäre. Keine egozentrierten Intellektuellen, die schlauer sein wollen als Gott und Atombomben bauen, um Menschen oder die Welt zu vernichten.

Auf der Welt II gibt es von Gott auch keine keine Menschenvernichtungsaktionen. Es gibt keine Naturkatastrophen, keine Erdbeben und keine Meteoriteneinschläge auf der Erde. Kein Mensch benötigt eine Versicherung gegen irgendetwas. Es gibt keine Richter und Gerichte, keine Gefängnisse, keine Bestrafung irgendwelcher Art. Der Mensch auf der Welt II muss nicht noch lernen, Mensch zu werden, er ist real Mensch und wirklich Gott ähnlich. Dabei muss der Mensch Gott nie sehen, er spürt die Liebe Gottes, wie Kinder auf der Welt I die Liebe ihrer Eltern spüren. Es gibt keine Flugzeuge, keine Autos, keine Straßen, der Mensch kann sich mit seiner Gedankenenergie zu jedem beliebigen Ort auf der Welt II denken. Gedanken sind schneller als Licht, das sind sie allerdings auch schon auf der Welt I, aber hier auf der Welt I können wir unseren Körper nicht mitnehmen. Zur Welt kommen geschieht auf der Welt II auf dem Weg der Gedankenenergie. Der Zeugungsakt ist kein Geschlechtsakt wie auf der Welt I, der durch sexuelle Lust zum anderen Partner entsteht. Auf der Welt II ist das ganze Sein »Lust«, aber nicht vergleichbar mit dem Genuss, den die Menschen auf der Welt I suchen und durch Konsum von Nahrung, Alkohol und anderen Rauschmitteln auch erleben können.

Die Nachkommen entstehen durch Wunschdenken. Es gibt nie zu viele Menschen auf der Welt II. Es gibt auch keinen Tod wie auf der Welt I, die Menschen sterben nicht, sie verlassen ihre Körperlichkeit und ihr spiritueller Geist wechselt zu einer höheren Stufe des Seins. Die Menschen sind noch Menschen wie auf der Welt I, jedoch ohne Schaffensdrang und ohne das Streben, Ziele zu erreichen. Sie sind alle an ihrem Ziel, wie Gott, der hat auch keine Ziele, sie haben keine Wünsche, wie Gott, der hat auch keine Wünsche mehr. Da der Mensch auf der Welt II nichts mehr bedarf, kann er auch nichts verlieren. Er lebt ein Leben im Bewusstsein an der Lust des Seins in der Gewissheit, unzerstörbar zu sein und nichts zu bedürfen. Auf der Welt II gibt es keine Rangordnung, keinen Lohn für die Liebe zu Gott, keinen Habitus. Alles, was dem Menschen auf der Welt I wichtig war, verlöre auf der Welt II spontan an Wert. Der Mensch auf der Welt II hat sein Ego-Bewusstsein verloren.

Diese Gedanken und Gegenüberstellungen der gedachten Welt II können und sollten von jedem Menschen beliebig ergänzt und erweitert werden. Sie könnten dazu führen, dass wir Menschen unsere Anmaßung, Gott als eine »Ich-Person« zu denken, korrigieren.

Glaube an Gott

Der Glaube an Gott beginnt vielleicht mit dem Glauben an den Menschen. Dazu ein Beispiel: Janusz Korczak, eigentlich Henryk Goldszmit, Kinderarzt und Sozialpädagoge, geboren 1878, gestorben im KZ 1942, begleitete freiwillig die 200 Kinder seines Waisenhauses im Warschauer Ghetto nach Treblinka. So der Eintrag im Kleinen Brockhaus.

Ich kann das Ghetto nicht beschreiben, eines ist jedoch sicher: Kinder wurden dort gezeugt, waren aber vielleicht nicht gewollt. Korczak muss in den Kinderaugen Gott gesehen haben und er wird auch mit den Kindern in die Gaskammer gegangen sein. Auf weitere Schilderungen über den möglichen Hergang kann man verzichten. Gläubige Christen würden sagen: Das hätte Jesus Christus auch getan. Natürlich, aber dann hätte die Welt nie erfahren, dass Jesus Christus der Sohn Gottes ist. Obwohl hier, wie es Jesus gesagt hat, bewiesen wird, dass Gott, wenn es ihn gibt, inwendig im Menschen ist. Janusz Korczak, ein Jude und ein guter Christ.

Für den Menschen mit dem Alltagsverstand muss es einen Gott geben, der von außen auf die Welt einwirkt und den Menschen annimmt. Für die Erfahrung dieser substanziellen Sicherheit will der Mensch, wenn auch nicht nur von der Welt, aber von Gott gewollt sein. Das ist der Friede der Seele, die Geborgenheit in der geistig kontemplativen Hinwendung zu der göttlichen Gerechtigkeit. Das ist die Vorstellung des Menschen von Gott, eine real existierende göttliche Macht mit Güte und Unfehlbarkeit.

Der Mensch, der einen Menschen gezeugt hat, kann den Zeugungsvorgang, sobald der Gezeugte auf der Welt ist, nicht wieder rückgängig machen. Das Schlimmste für den Menschen ist, von den Eltern nicht gewollt zu sein. Er ist vielleicht sogar unfähig, sein Leben zu leben. Jeder Mensch, der das Licht der Welt erblickt, ist das Wunschkind der unendlichen kosmischen Energie. Dieser Energie, die unsere Erde für uns Menschen bewohnbar gemacht hat, die neben uns die Tierwelt, die Pflanzenwelt von faszinierender Schönheit schuf, die wir zwar betrachten und bewundern können, aber niemals gänzlich begreifen. Es reicht uns Menschen nicht, diese kosmische Energie Gott zu nennen. Wir Menschen wollen in Wahrheit ein menschenähnliches Überwesen, das uns durch einen göttlichen Willen erschaffen hat, und auch nur für uns Menschen die ganze Welt und das ganze Sonnensystem. Von der kosmischen Energie her gedacht ein unerfüllbarer Wunsch.

Unzählige Philosophen, Denker und Wissenschaftler, unter anderem Giordano Bruno, haben sich auf höchstem intellektuellen Niveau, über unser Sonnensystem hinaus, mit einer exzellenten Sprache tief in den unendlichen Kosmos hineingedacht und letztendlich Gott doch nicht erklären können, zumindest nicht den Gott, den wir Menschen erklärt haben wollten. Somit ist es doch der Mensch, der eine grundsätzlich falsche Vorstellung von Gott hat. Nehmen wir nun auch noch Spinoza hinzu, der eine Ethik, einen Pantheismus geschaffen hat, demzufolge Gott die alles umfassende Natur ist und alle endlichen Wesen Ausprägungen (Modi) dieser ewigen Substanz sind (Brockhaus).

So weit passt das zu der Philosophie von Jesus Christus, der sagt, Gott sei inwendig im Menschen. Das alles aber genügt dem Menschen nicht und genau das wissen die Religionen und bieten dem Menschen den Gott, den sie haben wollen. Einen Gott, der dem Menschen Trost und Vergebung verspricht. Die Bedingung heißt: Glaube an Gott. Mehr ist grundsätzlich nicht möglich, sagt die Kirche und allen voran ihr so genannter heiliger Augustinus, der zuvor ebenso ungläubig war wie Paulus. Das ist auch nichts Verwerfliches, denn der Mensch ist auf der Erde, um hinzuzulernen. Das soll heißen, dass sich der Mensch zum Thema Gott etwas zu viel zutraut. Denn könnte der Mensch Gott erklären, wäre er Gott, zumindest mit Gott auf Augenhöhe.

Es ist aber so weit für den Menschen begreifbar, dass Gott keinen Willen benötigt wie der Mensch. Dazu gehört dann allerdings auch der Gedanke, dass Gott nicht denkt. Der Mensch denkt und hat dazu noch größte Mühe, seine Gedanken zum Schweigen zu bringen. Das Sonnensystem, unser Planet Erde, ist kein Gedanke Gottes und schon gar nicht ist der Mensch ein Gedanke Gottes. Kann ein Gott, so wie wir Menschen Gott denken, diese Welt mit diesen Menschen verantworten?

Spinoza glaubte, dass Gott den Menschen gedacht hat. Gott ist nicht Materie, wie die Sonne.

Ich stehe da näher zu Plotin und zu seiner Erkenntnis, die da lautet: Von Gott können wir nur sagen, was er nicht ist, was er aber ist, können wir nicht sagen.

Allerdings benutzte Plotin, wenn er von Gott redete, auch das Wort »er«, als Idiom angewandt. Gott ist also nicht etwas, was denkt, denn denken ist schon eine Tätigkeit. Da der Mensch etwas tut, kann selbst denken für Gott nicht zutreffen. Gedanken sind Energien, die aus meiner Sicht niemals verloren gehen. Darf man Gott als reine, unsichtbare, spirituelle Energie betrachten?

Wir Menschen besitzen einen physikalischen Körper mit einem spirituellen Geist. Das trifft auf Gott nicht zu. Spontan sind wir Menschen in Erklärungsnot, wenn Gott auch nicht mit Gedankenenergie bezeichnet werden kann. Gott bleibt also bis auf Weiteres unerklärbar, nicht beschreibbar, auch nicht mit dem höchstdenkbar größten griechisch-lateinischen Wortschatz, also mit der Sprache der Intellektuellen und Wissenschaftler. Eines kann aber mit Sicherheit und Bestimmtheit gesagt werden: Sollten wir Menschen in einer Galaxie in der

Nähe unserer Milchstraße auf ein Sonnensystem treffen mit einem von Lebewesen bewohnbaren Planeten, würde dort sicherlich nicht Griechisch oder Latein gesprochen werden. In unserem gesamten kosmischen Raum kann kein Mensch der Welt für sich eine von Gott gewollte Sonderstellung beanspruchen. Es ist also falsch zu sagen, ein menschliches Wesen könne sowohl Mensch sein und zugleich wahrer ewiger Gott. Wir Menschen dürfen uns Gott als die unendliche kosmische Kraft aus Materie, Geist und trotzdem Spiritualität denken. Damit machen wir vorläufig nichts falsch, obwohl es falsch ist. Die Materie will uns. Wenn wir Menschen unsere Welt nicht selbst zerstören, werden wir vielleicht zu höherer sittlicher Reife gelangen, die uns dann Einblick in eine überempirische Erfahrung ermöglicht. Heute aber bleibt dem Menschen nur noch die Flucht in einen ideologisch geprägten Fanatismus. Fanatismus, die Ohnmacht des Nichtwissens.

Auf der anderen Seite ist der Glaube an Gott eine kontemplative geistige Hinwendung zum göttlichen Geschehen im kosmischen Raum und auf dem Planeten Erde, auf dem wir Menschen leben und für die Welt zum Besseren mitwirken können. Der Mensch wünscht Friede, Geborgenheit, Trost für seine Seele und Gesundheit für seinen Körper und Geist. Das ist der Glaube an Gott. Aber eine real existierende göttliche Macht, die nach göttlichen Maßstäben richtet, belohnt und bestraft, kann es nicht geben. Der Mensch, mit seinem Wunschdenken nach göttlicher Macht, nach göttlicher Unfehlbarkeit, die er selbst niemals bieten kann, muss daran glauben können, dass ein Gott sie hat. Dadurch kommt der Mensch zu der Aussage: »Gott gibt es.«

Jeder Zweifel, jeder Widerspruch gegen die göttliche Omnipotenz, gegen die Allmacht Gottes ist Frevel und wird vom Oberhaupt einer Kirche oder Sekte bestraft. Für die Beleidigung Gottes kann ein Mensch verurteilt und sogar hingerichtet werden. Allerdings könnte das niemals im Sinne einer tatsächlich existierenden Gottheit sein, weil mit der Hinrichtung die Seele aus dem Körper des Menschen tritt und nur tote Materie zurückbleibt, die nun nicht mehr als Mensch mit Leib und Seele zu der göttlichen Wahrheit gelangen kann. Gewalt kann also nicht im Sinne einer kosmischen Intelligenz sein, die vom Menschen als Gott bezeichnet wird.

Religiöser Fanatismus fordert also Gott heraus, hier auf Erden seine Existenz zu beweisen. Dieser Beweis gelingt den Fundamentalisten dadurch, dass der Gott, dessen Existenz sie beweisen wollen, keinen Einspruch erhebt. Aber eine Rückmeldung in Bezug auf die Richtigkeit der Handlungen kann es von Gott nicht geben, da Gott alle bisherigen entsetzlichen Gräueltaten, die von fanatisch gläubigen Menschen an Menschen begangen worden sind, nicht verhindert hat. Weil Gott nichts mehr wollen muss und nichts verhindern muss. Wir Menschen können uns Gott von Ewigkeit her denken, ohne Beginn und Ende. Für uns Menschen ist also logisch, dass Gott nicht für den Menschen die Ewigkeit unterbricht. Der Irrtum liegt beim Menschen, der aber auch jede Grausamkeit, die er begangen hat, verantworten muss. Anderenfalls müsste Gott die Schuld der Menschen übernehmen.

Damit wäre Gott schuldig geworden, aber einen schuldig gewordenen Gott können wir Menschen uns nicht denken, denn dann wäre die göttliche Omnipotenz Unsinn. Gott hat also keinen Willen. Es kann nichts geben, was Gott noch wollen könnte. Wir Menschen denken uns einen vom Menschen gedachten Gott, einen Kriegsgott, der uns hilft, unser Land zu verteidigen, den Feind zu töten und Ungläubige hinzurichten. Wir sind nicht bereit, in unsere Seele hineinzuhorchen, um die Stimme Gottes zu hören, wie Jesus Christus es uns in tiefster Überzeugung gelehrt hat: Gott ist inwendig in euch und nicht in alten Sagen und biblischen Lehrauffassungen.

Gott ist niemals in einem Regelwerk zu finden, da Regelwerke verhindern, dass der Mensch hinzulernen kann. Hinzulernen ist aber der Sinn, der kosmische Wille unseres Daseins hier auf der Erde. Der unüberbrückbare Wunsch des Menschen, von Gott gewollt zu sein und eine Hinwendung zu Gott durch Rituale zu ermöglichen, ist so alt wie die Menschheit und es gab schon viele Götter auf dem Planeten Erde, die durch neue ersetzt wurden. Grausam, zornig und ohne Erbarmen waren sie fast alle.

Dabei ist der Mensch durchaus fähig, in seiner seelischen und geistigen Weiterentwicklung zu erkennen, dass Gott nicht mehr als Macher, als zorniger Herrscher der Welt gedacht werden darf. Zumal, dass Jesus Christus schon vor zweitausend Jahren die Wende in der menschlichen Vorstellung im Glauben an Gott in die Welt gesetzt hat. Das Hinzulernen ist ein kosmisches Gesetz. Das Gesetz der Veränderung, das im gesamten Kosmos ständig stattfindet, wird auch nicht beim Menschen und bei seinem Glauben an Gott Halt machen. Der Abstand zwischen Mensch und Gott ist unfassbar groß. Gott ist für den Menschen unbegreiflich und trotzdem inwendig im Menschen. Das ist doch eine gute Nachricht. Es gibt eine Menschheit, in die sind wir eingebunden. Die Tierwelt muss sich gegenseitig fressen, so wie wir Menschen uns früher auch einmal gegenseitig gegessen haben.

Die Weiterentwicklung der Menschheit darf nicht durch einen religiösen fundamentalistischen Wahnsinn aufgehalten werden.

Wenn das Oberhaupt einer religiösen Gemeinschaft ein Versprechen abgibt und es auch einem nichtgläubigen Menschen gegenüber einhält, so bedeutet das, dass das Oberhaupt vor sich selbst und der Welt sein Wort halten will. Hierdurch akzeptiert es die Konventionen dieser Welt und steht zu seinem Wort. Das Halten des Versprechens ist eine Entscheidung der Ehre vor dem eigenen Gewissen. Immer wieder muss der Mensch aus eigener Überzeugung Entscheidungen treffen.

Daraus kann man seine sich selbst gestellte Verpflichtung der Welt gegenüber ableiten. Der Mensch kann also niemals seine Verpflichtungen an Gott abtreten und eigenmächtig im Namen Gottes Menschen hinrichten. Die vermeintliche Zustimmung von Gott liegt einzig und allein in seinem Verantwortungsbereich. Todesstrafen sind keine Strafen, der Mensch kann den Tod nicht erleben.

Hinrichtungen sind dumm, dabei würde Gott, so wie sich der Mensch ihn denkt, eine Lebensstrafe verhängen. Viele alte Menschen wissen, wie mühsam und schwer das Leben im Alter ist. Es kann im Zusammenhang mit einer Krankheit eine Strafe sein, dazu noch eine Lebensstrafe durch eine Verlängerung der normalen Lebenserwartung. Zum Glück gibt es diesen grausamen Gott nicht.

Jeder Mensch kann noch in der letzten Stunde seines Lebens zu einer Erkenntnis gelangen und sein Leben ändern. Wie dumm ist es dann, im Namen Gottes zu töten? Der Mensch wird grausam und dumm, wenn er nicht auf die Stimme Gottes in seiner Seele hört. Aber genau hier liegt der Beweis, dass es den Gott, an den die Menschen glauben wollen, nicht gibt. Gott ist anders.

Gott

Der Mensch muss Gott neu denken. Er soll nicht über das Wort Gott nachdenken, wann und zu welchem Zweck es eingesetzt wurde, sondern mitten im Hier und Jetzt erkennen, dass Gott etwas anderes sein muss, als grundsätzlich bisher gedacht worden ist. Gott ist die Summe aller guten Gedanken, die jemals von Menschen gedacht wurden.

Sogleich kommt die Frage: Und was ist mit den schlechten Gedanken? Sind sie in der Summe der Teufel, Fragezeichen? Wir irren uns, mit allen positiven Gedanken ist auch der spirituelle Geist verbunden, der sie gedacht hat. Das Gleiche gilt aber für die schlechten Gedanken, die sind ebenfalls immer noch mit dem spirituellen Geist des Menschen verbunden, der sie gedacht hat.

Zu allen Gedanken gehören auch die damit verbundenen Handlungen. Also die guten und bösen Taten, die jemals von Menschen ausgeübt wurden. Es sind Energien, die für unsere Begriffswelt niemals verloren gehen. So weit hat der Mensch sicherlich auch schon vorher gedacht, war aber nicht bereit, die Sache so stehen zu lassen, und er erfand Gott, eine der Welt und der Menschheit höhergestellte Macht, die bereit war, vielleicht bei entsprechender Gegenleistung zu vergeben.

Die materielle Welt, und auch die spirituelle Welt, entwickelt sich ständig weiter, sodass neue Erkenntnisse die alten ablösen. Beispiel: die kopernikanische Wende. Niemand möchte heute wieder zurück zum ptolemäischen Weltsystem. Der Mensch kann also nicht bei seinem Gott-Denksystem stehen bleiben. Gott ist ein Wunschdenksystem des Menschen. Die Wahrheit ist doch so einfach.

Energien gehen also nicht verloren. Logisch muss es daher sein, dass böse Energien durch gute ausgeglichen werden können. Paulus hat diese Erkenntnis für sich selbst zu ernst genommen.

Für den Ausgleich zwischen guten und bösen Energien muss es allerdings eine Welt geben. Die bösen Energien im spirituellen Raum haben also die Möglichkeit, sich auszugleichen, solange es die von Menschen bewohnte Welt gibt. Es kann also nur so sein, dass der spirituelle Geist aus seinem eigenen Bestreben nach Energieaustausch das Gute tun muss und nicht von einem Gott als Richter dazu aufgefordert wird. Denn das hätte ein Gott schon vorausschauend verhindern können. Der Mensch sollte, hier auf dieser Erde, seinen Weg in den spirituellen Raum im Fokus behalten.

Zusammenfassung

Jesus Christus wurde um ca. 4 v. Chr. geboren und starb ca. 29 n. Chr. am Kreuz. Geschlecht: männlich, Jude, vermutlich ledig. Laienphilosoph, Denker und Wanderlehrer. Die Kernaussage seiner Philosophie: Gott ist inwendig im Menschen, in allen Menschen, das betrachtete Jesus Christus als Axiom. Diese Erkenntnis war für Jesus Christus anerkannter Grundsatz, gültige Wahrheit, für die er in letzter Konsequenz auch bereit war zu sterben. Sein Elementarsatz lautete: »Das Reich Gottes kommt nicht mit äußerlichen Gebärden, man wird auch nicht sagen: Siehe, hier oder da ist es, denn sehet, das Reich Gottes ist inwendig in euch.«

Wladimir Lindenberg zitiert diesen Satz in seinem Buch »Aus einem erfüllten Leben«. Das war der Satz, den Jesus immer und immer wieder vor seinen Zuhörern ausgesprochen hat. Er hat jeden persönlich angesprochen mit den Worten: »Du bist der Sohn Gottes.«, »Du bist die Tochter Gottes.«. Und so weiter, bis zum Ende der Runde. Dann wird er auch noch hinzugefügt haben: »Und ich bin der Sohn Gottes.« Das sollte später noch zu seinem Verhängnis werden.

Die Persönlichkeit des Menschen Jesus Christus muss mit ihrer überragenden Ausdruckskraft und Güte auf die Menschen in seinem Umfeld gewirkt haben. Im Sinne einer Weltanschauung war Jesus Christus ein Pantheist, der die Überzeugung vertritt, dass Gott in allen Dingen der Welt existiert.

Das Leben und Wirken Jesu kann nur so begonnen haben. Er wollte sich selbst niemals als Gott und Mensch zugleich präsentieren. An dieser Stelle soll durch Weglassen aller Mythen, die um seine Person zusammengetragen worden sind, klargestellt werden, dass das Lebenswerk von Jesus Christus von der Nachwelt auf breitester Ebene, bis heute, vollständig missverstanden worden ist.

Diese Klarstellung ist nach zweitausend Jahren mehr als überfällig, obwohl sie von der katholischen Kurie nicht anerkannt werden wird. Das gleiche Problem hatte Jesus Christus in Bezug auf seine jüdische Glaubensgemeinschaft noch zu lösen. Denn Jesus Christus musste sich durchaus darüber im Klaren gewesen sein, dass seine Erkenntnisse die jüdische Glaubensmythologie in ihren Grundsatzfragen aushebeln würde. Der Messias, der König der Juden und Nachkomme des Stammes David, der das messianische Reich aufrichten werde, komme nicht, wozu noch, denn Gott sei doch inwendig in allen Menschen vorhanden. Darauf basierte später das Todesurteil der Juden durch Kreuzigung.

Jesus war vielleicht der erste Mensch, der sich Gott nicht als Ich-Person dachte, sondern die Wirksamkeit Gottes sah er in Form einer Kontemplation inwendig im Menschen. Obwohl Jesus trotzdem immer noch von einem Vater im Himmel gesprochen haben wird, kann er das nur im Sinne einer Metapher gemeint haben, einer bildhaften Übertragung der Vorstellung des Menschen von Gott. Niemals hat Jesus Christus im Hinblick auf seine Erkenntnis, Gott sei inwendig im Menschen, von einer göttlichen Offenbarung gesprochen. Das hätte im krassen Widerspruch zu seiner pantheistischen Überzeugung gestanden. Jesus Christus war ein Laienphilosoph, vermutlich wie Sokrates. Es ist nicht überliefert, dass Jesus die klassischen Philosophen wie Platon oder Aristoteles studiert hat. Jesus Christus war ein Denker des Zeitgeistes wie etwa der Bußprediger Johannes und viele andere Denker und Mitstreiter, die Paulus später nicht weiter erwähnt hat.

Die Vermutung, dass Jesus grenzüberschreitende Erfahrungen gehabt hat, liegt allerdings sehr nahe. Plotin hat diese Erlebnisse und Erfahrungen ca. 250 Jahre später als »Aufschwünge« beschrieben. Der Mensch überschreitet dann, wenn auch nur für Sekunden, die Grenzen des Diesseits zum Jenseits. Allerdings sind Erlebnisse dieser Art nicht ausreichend mit Worten zu beschreiben. Mein persönliches Erlebnis habe ich »Einklang« genannt. In den Sekunden des Erlebens ist der Mensch unverletzbar. Selbst den Verlust des physischen Körpers würde man nicht wahrnehmen. Das Gefühl des grenzenlosen Seins ginge weiter in den Kosmos hinein. Dieses Erlebnis ist ein Geschenk des Kosmos. Es ist nicht mit dem Willen wiederherstellbar oder wiederholbar. Es ist kein Nahtoderlebnis und auch kein Flow-Erlebnis. Aus meiner Sicht ist so ein Erlebnis nicht mit dem, was wir Menschen unter dem Wort »Gott« verstehen, in irgendeiner Form zusammenzubringen.

Der Wunsch des Menschen nach einer Erklärung der Existenz eines Schöpfergottes war und ist immer noch derart groß, dass jede nur halbwegs annehmbare Theorie von den Menschen, die glauben wollten und wollen, angenommen wurde und angenommen wird.

Die Gräueltaten, die von Menschen an Menschen, in der Vergangenheit des Christentums in Form von Hexenverbrennungen zum Beispiel, ausgeübt und im Namen eines vom Menschen gedachten Schöpfergottes, dazu noch im Namen des Gutmenschen Jesus Christus als Dulder dieser Gräueltaten, begangen worden sind, können so nicht hingenommen werden. Der Mensch muss sich seiner Verantwortung als Mensch für die Menschen bewusst werden.

Jesus Christus war sich in der Hinsicht ganz sicher: Gott ist inwendig im Menschen. Der Mensch müsse nur bereit sein, diese Stimme in sich selbst wahrzunehmen. Diese Stimme ist nicht die Ich-Person Gott, das wusste Jesus Christus auch, es ist die Stimme des unendlichen Kosmos in materieller und spiritueller Form, die vom Menschen wahrgenommen werden kann. Jesus Christus bietet mit seiner auch heute noch gültigen Philosophie genügend Material für das Fortbestehen einer christlich religiösen Weltanschauung. Der Verzicht auf die von Menschen in die Welt gesetzte dogmatische Behauptung, Jesus sei wahrer ewiger Gott, zugleich wahrer Mensch, auferstanden von den Toten, von Gott zu sich erhöht, ist absolut nicht mehr zeitgemäß und würde die Situation zu den anderen Weltreligionen entschärfen. Der Papst, der Stellvertreter Christi auf Erden, hat allen Anlass dazu, im Namen Jesu Christi für eine friedliche Koexistenz zu anderen Religionen zu sorgen. Jesus selbst hat mit der Erneuerung seiner eigenen jüdischen Religionszugehörigkeit begonnen, seine Gegner aus den eigenen Reihen haben ihn auf schändlichste Art und Weise hingerichtet, genau so, wie später Christen Andersdenkende im Namen eines Schöpfergottes hingerichtet haben.

Denken wir Menschen uns aber im Sinne der christlichen Mythologie hinter allem Geschehen einen real existierenden Gott mit einem göttlichen Willen, wäre Gott schuldig geworden. DEUS CULPA.

Einen schuldig gewordenen Gott können wir uns nicht denken, denn dann wäre die vom Menschen gedachte göttliche Omnipotenz Unsinn. Wir Menschen denken uns immer einen von Menschen gedachten Gott, der bei logischer Betrachtung über keinen Willen verfügt, weil es nichts geben kann, was Gott noch wollen könnte. Diese Problematik wird mit göttlichen Offenbarungen und mit Zeichen am Himmel gelöst. Für den Gläubigen, der an Gott glauben will, eine logische Erklärung. In Wahrheit ist aber damit gar nichts geklärt, denn die Offenbarung ist eine Mitteilung von Gott an den Menschen, also basierend auf einer Willensentscheidung von Gott. Diese ist aber wiederum nicht denkbar, denn Gott kann nicht noch etwas wollen.

Die christliche Mythologie ist somit nahezu prädestiniert für die Erneuerung einer von allen Menschen annehmbaren

Weltreligion. Jesus Christus ist nicht auf Grund eines göttlichen Willens grausam hingerichtet und ermordet worden. Die Kurie, die Behörde der katholischen Kirche, muss endlich dazu stehen, im Namen Jesu Christi, dass Gott nicht mordet.

Purgatorium

Purgatorium: Reinigungsort, Fegefeuer, nach katholischem Glauben Läuterungsort der abgeschiedenen Seelen«.

»Ist der Mensch ein guter, gläubiger Christ, so hat er das Fegefeuer nicht zu fürchten«. Über das Leben nach dem Tod gibt es nur Vermutungen. Das ist auch gut so, denn würde der Mensch schon zu Lebzeiten seinen spirituellen Geist im Raum der Gedankenenergien betrachten können, hätte er zwar noch die Möglichkeit, seinen Lebenswandel hier auf Erden zu korrigieren, allerdings kann ein Mensch das auch schon tun, ohne seine Seele im Raum der Verstorbenen sehen zu können. Sokrates war jedenfalls der festen Überzeugung, dass seine Seele nicht verloren geht und sogar im menschlichen Sinne unsterblich bleibt. Platon erzählt im »Phaidon« in einer ergreifenden Rahmenerzählung mit dem Titel »Der Philosoph im Sterben« fast elegisch, die Geschichte um den Tod des Sokrates. Die Philosophie des Sokrates in einem Satz: Aus einsichtigem Denken folgt notwendig richtiges Handeln, die warnende innere Stimme der Gottheit, die Dämonologie kann der Mensch wahrnehmen. Genau dieses Denken finden wir wieder bei Jesus Christus. Sokrates wurde auf Grund von Verleumdungen zum Tod durch den Giftbecher verurteilt. »Statt zu fliehen, will ich lieber die Strafe auf mich nehmen, die der Staat anordnet«, soll er gesagt haben. Ebenfalls eine Parallele zu Christus, der vielleicht gedacht hat: »Eine Kreuzigung lässt sich schließlich auch ersterben.« Ein grauenhafter Irrtum. Das Wissen von der Unsterblichkeit der Seele ist älter als die meisten Weltreligionen. Die Frage lautet also: Wozu noch Religionen? Hier auf der Erde machen sie doch keinen Sinn. Die Erde besteht aus Materie und vergeht, wozu dann noch das Kommen des Messias oder wozu noch den Gottesstaat errichten? Vielleicht ist unser Leben hier auf der Erde das Purgatorium. Der Mensch lässt nach dem Tod seinen physischen Körper zurück auf der Erde und nimmt sein gelebtes Leben mit, mit all seinem Tun, mit allen Handlungen und mit allen jemals gedachten Gedanken, in die spirituelle Welt. Die nicht mehr physisch ist, aber mit den Worten »Welt« oder »Raum« nicht wirklich beschrieben werden können, weil uns dafür die Sprache fehlt.

Unsere Seele ist zwar näher zu Gott, steht aber nicht vor Gott. Sie steht auch nicht vor seinem Stellvertreter, wie etwa Petrus oder dem Erzengel Gabriel. Die Seele eines verstorbenen Menschen kann noch mehr als ein weiteres Sein vor sich haben. Wenn die Seele, als sie noch mit ihrem Körper auf der Welt verbunden war, die warnende kosmische Stimme verdrängt hat und dadurch Schuld auf sich geladen hat, wird sie nochmals in einen menschlichen Körper eingehen, oder sie kann als Schutzengel für einen Menschen tätig werden, dann muss allerdings zuvor schon ein gutes Erdenleben gelebt worden sein. Diese Wege werden nicht von Gott oder einer höheren Intelligenz angewiesen, sondern die Seele sieht den Weg und wählt den Weg. Die Vorstellung von Vergebung durch einen gütigen Gott kann es nicht geben, obwohl sie ein Wunschdenken des Menschen und ein unhaltbares Versprechen im Angebot vieler Religionenist. Denken wir Menschen Gott aber als eine fließende, alles durchdringende, ohne Anfang und niemals endende, für uns Menschen unsichtbare Energie, kann in unserem Geist und in unserer Seele ein neues Erkennen über Gott wahrgenommen werden. Wenn das im Menschen geschieht, versteht dieser auch, dass diese Energie die Wahrheit selbst ist. Der Mensch muss keine fundamentalen religiösen Wahrheiten schaffen. Denn Jesus Christus hat doch gesagt: »Gott ist inwendig in euch.« Die Religionen hingegen sind nicht kleinlich mit der Verbreitung ihrer Regelwerke, ihr Doktrinarismus betrachtet Gott als eine vom Menschen gedachte, höchste richterliche Macht, die das gesamte Universum beherrscht, aber den Planeten Erde, unsere Welt, speziell für den Menschen durch seinen Willen erschaffen hat, dabei wiederum eine auserwählte Menschengruppe besonders begünstigt hat. Diese Menschen haben nun von Gott den Auftrag, das Reich Gottes auf dieser Erde zu verwirklichen. Für die Religionen stellt sich gar nicht so sehr die Frage, welche Menschen nun absolut zuerst den Auftrag von Gott erhalten hatten, sondern: Wer interpretiert Gottes Wille, die göttliche Wahrheit, die durch einen Stellvertreter Gottes der Welt mitgeteilt worden ist, in nicht zu widersprechender Form? Irrtum ausgeschlossen. Damit sind sie in jedem Fall auf der Seite Gottes und der festen Überzeugung, dass ein normal denkender Mensch ohne sie den Weg zu Gott nicht finden kann. Allerdings ist der Mensch von Beginn seines Daseins an auf der Erde bereits vom Kosmos und von Gott gewollt, angenommen und gewünscht. Das Sein, das Leben des Menschen auf der Erde beginnt nun einmal, und das für alle in gleicher Form, mit der Geburt, also mit dem Zur-Welt-Kommen. Kein Mensch der Welt kann es selbst verhindern. Darum sind alle Menschen grundsätzlich vor Gott gleich. Kein Mensch kann vor Gott eine Sonderstellung für sich in Anspruch nehmen. Das Leben des Menschen endet mit dem Tod, ohne Ausnahme. Dann beginnt für jede menschliche Seele das Purgatorium, ohne Ausnahme. Die Seelen, die während ihrer Erdenzeit als Mensch Schuld auf sich geladen haben, dadurch, dass sie zum Beispiel im Namen Gottes Menschen auf dem Scheiterhaufen verbrannt haben, gefoltert, ausgepeitscht, verstümmelt, hingerichtet oder gekreuzigt haben, müssen ihre Handlungen immerfort betrachten und das Leiden, das sie anderen zugefügt haben, jetzt im Seelenbewusstsein selbst durchleben. Die Seele erleidet nun den Schmerz, der von einem physischen Körper ertragen werden musste, als diese Seele noch in Verbindung mit ihrem physikalischen Körper zum Beispiel Stockschläge für die Beleidigung Gottes angeordnet hat, der von einem Menschen nicht beleidigt werden kann, weil Gott eben kein Mensch ist. Die Beleidigung liegt einzig und allein bei dem Führer der religiösen Gemeinschaft, der seine Autorität als Dogmatiker in Frage gestellt sieht.

Das Purgatorium ist keine göttliche oder kosmische Autorität, es ist nicht Gottes höchstes Gericht, da wird auch nicht ein frommes Leben als religiöses Oberhaupt einer Kirche gegengerechnet, sondern die Seele sieht das Leben, das sie in ihrem dazugehörigen menschlichen Körper gelebt hat.

Das ist ein kosmisches Gesetz, denn wie sollte es anders sein? Der Mensch kann doch nicht ein Leben als Tyrann führen und die durch Gottes oder kosmischen Willen erschaffene Menschheit foltern oder töten lassen und durch Ausleben exzessiver Lust als ein menschliches Gottwesen von Gott noch Vergebung erwarten. Der Kosmos, die kosmische Intelligenz, schafft Leben. Es kann daher nicht kosmischer Wille sein, dass Menschen im Namen Gottes – dabei können sie sich nicht einmal auf einen gemeinsamen Gott verständigen – ihr Egobedürfnis befriedigen und einen Teil der Menschen, die sogenannten Ungläubigen, beseitigen. Aber der vom Menschen selbst erdachte Gott greift nicht ein oder zeigt den Religionsstiftern den wahren Weg. Auch dann nicht, wenn es abertausenden Menschen das Leben kostet. Den Weg zu der kosmischen Intelligenz zu finden, die wir Gott nennen, ist vordringlichste Aufgabe des Menschen hier auf der Erde. Die intellektuelle Oberschicht, die hier auf dem Planeten Erde als Mensch ihren Habitus genießen und pflegen konnte, hat im Purgatorium keinen weiteren Genuss zu erwarten. Das Geltungsbedürfnis des Menschen hat hier auf der Erde durchaus seinen Sinn, es dient dazu, das Streben des Menschen nach dem Besseren zu erreichen.

Jesus Christus war sicherlich kein Philosoph, der zur intellektuellen Oberschicht gehörte, aber Jesus war ein mutiger Mensch, »sapere aude«, er hatte den Mut, sich seines eigenen Verstandes zu bedienen. Ein schrecklich hoher Preis und die Welt hat diesen Mann, nach mehr als zweitausend Jahren, immer noch nicht verstanden. Der Mensch muss Gott neu denken. Soll heißen: Das Wort »Gott« ist von uns Menschen, besonders im Monotheismus, von den Hochreligionen als der Inbegriff des Heiligen, als absoluten Wert in sich fassende transzendente Person missverstanden worden. Gott darf nicht als Person oder als ewig allmächtig herrschender persönlicher Gott gedacht werden. Damit hätte Gott diese Welt zu verantworten und das kann nicht sein. Warum Gott nicht so gedacht werden darf und nicht gedacht werden kann, ist Inhalt und Gegenstand dieses Buches.

Ein Mensch darf sich zum Beispiel nicht ein Christ nennen, wenn er sich mit den Gräueltaten und Verbrechen der katholischen Kirche, die gegen die Menschlichkeit begangen worden sind, als gläubiger Katholik identifiziert. Er darf sich nicht einmal ein Christ nennen, wenn er davon überzeugt ist, dass die Kreuzigung Christi Gottes Wille war. Die Kreuzigung Christi war Mord. Mord von Menschen an einem Gutmenschen. Religiöse Menschen wollen vor allen Dingen eines: Sicherheit für ihre Seele nach ihrem Tod. Menschen vertrauen darauf, dass ihnen ein religiöses Leben hier auf der Erde die Gewissheit verschafft, im Jenseits gut abzuschneiden. Vorweg lässt sich also so viel sagen, das auch ein im frommen Glauben geführtes Leben im Jenseits gut wegkommt. Der Sinn eines jeden menschlichen Daseins ist es aber, noch vor seinem Tod etwas hinzugelernt zu haben. Denn unsere Welt, unser Universum, so vermute ich, ist die Weisheit Gottes. Im Leben etwas Weisheit hinzugewonnen zu haben, müsste eine lohnende Sache sein. Ich glaube, dass Jesus Christus so gedacht hat, obwohl es sich für ihn selbst und sein Leben auf dieser Welt nicht gelohnt hat, es sei denn, wir Menschen betrachten jetzt endlich, nach zweitausend Jahren seinen Tod als das Risiko, das der Mensch einzugehen hat, wenn er bereit ist, für seine neu erkannte Weisheit zu sterben. Ich kann nur meinen Schutzengel bitten, mir ein vergleichbares Schicksal zu ersparen. Schutzengel gibt es im Sinne des Wortes sicherlich nicht, hier ist eine spirituelle Energie gemeint, die vermutlich das Leben eines Menschen auf der Erde schützend begleitet. Ich selbst kann von einigen Ereignissen berichten, die konkret zu meinem Tod geführt hätten, wenn nicht nur glückliche Umstände, sondern auch eine schützende spirituelle Energie in den jeweiligen Vorgang eingegriffen hätte. Zu jedem Vorfall gehört eine Rahmenerzählung, die an anderer Stelle angesprochen werden kann. Allerdings, so muss man es betrachten, ist dieser »Schutzengel«, diese spirituelle Kraft, nicht daran interessiert, den Lebenswandel des betreffenden Menschen, dem er Schutz gewähren will oder soll, zu beeinflussen. Das ist Aufgabe des betreffenden Menschen selbst. Zu diesem Gedankengang gibt es ein allgemein bekanntes Beispiel, nämlich die gescheiterten Hitler-Attentate. Um die Sache sofort auf den Punkt zu bringen, paradigmatisch gedacht, hatte Hitlers Schutzengel einzig und allein seine Möglichkeiten auszuschöpfen um Hitlers Leben zu erhalten. Es soll gezeigt werden, dass es nicht die Aufgabe des Schutzengels ist, das Böse zu verhindern oder eine religiöse Idee zu verbreiten, denn dann wäre es seine Aufgabe gewesen, zur Vernichtung Hitlers beizutragen, um zigtausenden Juden das Leben zu retten. So oder so ähnlich stellt sich übrigens der Mensch Gottes Eingreifen in der Welt vor. Das ist aber ein falsches, menschliches Denken. Gott übt gar keine Handlungen aus. Nicht einmal die Erschaffung des gesamten Universums geht auf sein Konto. Damit ist auch geklärt: die Kreuzigung Christi war Mord, nicht Gottes Wille. Ein weiterer Gedankengang über Ethik soll an dieser Stelle eingeflochten werden. Die Ethik als Gesetz, die die Menschheit für sich entwickelt, kommt nicht von Gott, sie wird auch nicht im spirituellen Raum weiterentwickelt. Die Gesetze der Ethik verändern sich in der Menschheit oftmals zu Gunsten der Menschen, aber auch zum Schaden der gesamten Menschheit. Waffen werden oft zur Vernichtung anders denkender Menschen produziert, weil Menschen glauben, die Vernichtung sei einfacher, als ein Umdenken der Menschen herbeizuführen. Aber genau das ist unsere Aufgabe in dieser Welt. Es wäre ein Leichtes für einen von uns Menschen gedachten Gott, eine vollkommende Menschheit zu erschaffen. Würde Gott in der Form, wie wir Menschen ihn uns denken, zumindest im Hintergrund existieren, müsste ein Eingreifen von Gott sichtbar geworden sein. Aber das bleibt für uns vorläufig noch ein Geheimnis der Schöpfung und wir Menschen müssen unseren Beitrag leisten zu Gunsten einer besseren Welt. Wenn der Mensch ein Verbrechen begeht, versündigt er sich nicht gegen Gott, sondern gegen sich selbst und die kosmische Intelligenz. Kein Mensch darf sich herausnehmen, das Leben eines anderen Menschen vorzeitig zu beenden. Auch nicht die Justiz, denn das Verbrechen, das ein Mensch begangen hat, kann nur er sich selbst vergeben und zwar in der Form, dass er sich seinem Vergehen stellt und sich bereit erklärt, den Preis für seine Tat zu zahlen. Er hat übrigens auch keine andere Wahl. Gott vergibt ihm nicht. Gott hätte doch seine Tat verhindern können. Der Mensch denkt Gott menschlich, Gott ist kein Mensch, Gott liebt nicht, Gott vergibt nicht. Soll aber nicht heißen, dass der Mensch ein Vergehen nicht sühnen kann. Der Mensch kann die Möglichkeit erhalten, ein neues Leben auf dieser Welt zu beginnen. In der Theorie der Wiedergeburt. Die Reinkarnation ist gemäß der buddhistischen Lehre von der Seelenwanderung der Übergang der Seele in einen neuen Körper und, damit verbunden, in eine neue Existenz. Wissenschaftliche Erkenntnisse liegen allerdings nicht vor, ob diese Seelenwanderung, wenn sie denn nun stattfinden sollte, tatsächlich zu einer besseren, humaneren menschlichen Gesellschaft hier auf der Erde führen muss. Aus meiner Sicht ist dies ein religiöses Wunschdenken des Menschen, um die Wahrscheinlichkeit zu erhöhen, ein völlig gescheitertes Erdendasein durch ein neues besseres Leben wieder ausgleichen zu können. Das käme der religiösen Theorie gleich, nach der Gott dem Menschen alle bösen Taten vergibt. Die Wahrheit wird logischerweise irgendwo dazwischen liegen. In meiner Philosophie vertraue ich auf eine Weiterentwicklung der Menschheit, sowohl durch quantenphysikalische Erkenntnisse als auch neue spirituelle Erkenntnisse. Die Wissenschaft selbst hat sich schon lange von dem religiös gedachten Theismus, dem Glauben an einen persönlichen, von außen auf die Welt einwirkenden Schöpfergott verabschiedet. Es ist nun an der Zeit, dass die egozentrische Wissenschaft sich selbst überwindet, vergleichbar mit der kopernikanischen Wende für den heliozentrischen Raum, und den Mut zu einer spirituellen Wissenschaft für den spirituellen Raum entwickelt. Alttestamentarische Sagen und Mythen wurden von Menschen für Menschen erfunden, in einer Zeitepoche, in der sie auch dem Menschen einen Sinn gaben. Zum Beispiel die Sagengestalten der griechischen Götter. Oder Moses/Mose, im Alten Testament Führer, Prophet und Gesetzgeber der Israeliten, der der Welt die Zehn Gebote gab. Es hat sicherlich niemals ein »Moses« existiert, außer in den Köpfen der vielen Verfasser der fünf Bücher Mose, des Pentateuch. Grundsätzlich gilt das für alle Sagen und Mythen.

Alte Kulturen genießen in unserer Gesellschaft oft noch ein hohes aber fragwürdiges Ansehen wie zum Beispiel Cheops oder sein Sohn Chephren, Chaefre, ägyptische Könige um 2500 v. Chr., oder viele weitere Herrschergestalten wie die Herrscherfamilie »Inka« und das dazugehörige, hoch entwickelte Reich mit der Hauptstadt Cuzco, welches noch bis ins 16. Jahrhundert existierte. Der Herrscher genoss göttliche Ehren und handelte auch dementsprechend. Die Sonne wurde als Gott betrachtet und ihr zu Ehren wurden unzählige Menschen als Opfergaben abgeschlachtet. Ich kann mir nicht vorstellen, egal an welchem Ort der Welt, dass zu dieser Zeit der Zeitgeist nicht das Gefühl des Unrechts geliefert hat, eben das Erkennen eines sträflichen Vergehens gegen die Evolution des Universums. Aus meiner Sicht purer Lustmord eines überspannten Herrschers.

Darüber hinaus geht es mir nicht allein um die Schilderung vergangener Gräueltaten der Menschheit, sondern im Besonderen um das Herausstellen des menschlichen Potenzials an Mordlust, welches immer noch in ihm steckt. Es ist im Menschen vorhanden, um es zu überwinden.

Der Mensch mordet nie grausamer und leidenschaftlicher als dann, wenn er überzeugt ist, im vermeintlichen Namen Gottes zu handeln und damit glaubt, Gottes Willen vollstrecken zu müssen.

DEUS CULPA.

Der sogenannte Islamische Staat handelt auch heute noch so. Gott hat keinen Willen, Gott benötigt keinen Willen.

Es ist das Dringlichste in unserer Zeit, den Doktrinarismus in fast allen Religionsrichtungen zu erkennen, und es ist an der Zeit, im Namen des von glaubensfanatischen Menschen ermordeten Mannes namens Jesus Christus die katholische Religionsgemeinschaft zu reformieren. Es ist an der Zeit, dass die Kurie in Rom, der Papst, die Kardinäle, die Bischöfe, Pfarrer und Priester, ihre Kutten ablegen und damit beginnen, in Demut auf den Heiligen Geist zu vertrauen, es ist der spirituelle Geist in ihnen, und um eine neue Erkenntnis des Seins zu bitten.

Erkenntnis

Die erste Erkenntnis des Menschen kann nur die gewesen sein, dass er sich selbst in einem Unterschied zu der anderen Tierwelt bewusst wurde. Der Mensch stellte fest: Ich bin kein Tier. Ich bin ein anderes Lebewesen als die Tiere um mich herum. Die Anthropologie soll hier nicht wirklich angesprochen werden. Der Mensch kann aber davon ausgehen, dass dieses Bewusstsein in seiner Entstehungsgeschichte stattgefunden hat. Das Herausgehobensein aus der Pflanzen- und Tierwelt muss den Menschen veranlasst haben, nach einer Erklärung für sein Dasein auf dieser Welt zu suchen. Das war dann also die erste Erkenntnis des Menschen, hypothetisch betrachtet. An dieser Stelle soll gesagt werden: Eine Erkenntnis kann es nur dann geben, wenn sie zuvor noch nicht erkannt werden konnte. Ein Tier hat zwar das Bewusstsein, zu der eigenen Gattung zu gehören, wird aber nicht nach der Frage suchen, ob es auch ein anderes Tier sein könnte.

Der Mensch hatte in seiner Geschichte fortlaufend Erkenntnisse. Richtige und falsche Erkenntnisse. Zum Beispiel die Erkenntnis: Es muss etwas Höheres über uns Menschen geben, was zu der Erkenntnis führte: Es gibt einen Gott. Tiere werden von Tieren gefressen. Menschen wurden auch von Menschen gefressen.

Tiere wurden nicht von Tieren gekreuzigt. Tiere wurden nicht von Tieren ausgepeitscht und gefoltert, weil sie den Gott der Tiere beleidigt hatten. Ein Mensch kann Gott nicht beleidigen. Ein Mensch kann die Schöpfung nicht beleidigen, nicht den unendlichen Kosmos oder die Zeit oder das Licht.

Der Mensch will die unüberbrückbare Kluft zwischen seinem selbst gedachten Gott und der Menschheit dadurch schließen, dass er die Ungläubigen abschlachtet und in die Kluft wirft, um den Weg zu Gott freizumachen. Dann steht der Mensch nicht vor Gott, sondern vor sich selbst.

Feuchtgebiete

Die vom Menschen wiederentdeckten Feuchtgebiete kann der Mensch als ein Zeichen kosmischer Intelligenz werten. Die Hinlenkung zur Ablenkung von nicht gewünschten Menschen. Die Homosexualität beider Geschlechter kann zu Reduktion, also zur Zurückführung des ursprünglichen Verhaltens menschlicher Sexualität beitragen.für die menschliche Gesellschaft ist es untragbar, dass alle ausgelebte Lust zwischen den Geschlechtern zwangsläufig zu einem neuen Menschen führen muss. In vielen Ländern der Welt ist das aber so.

Die Flüchtlingsströme geben Zeugnis darüber, dass jeder auf der Welt lebende Mensch seine Achtung und Wertschätzung verdient. Allerdings müssen wir dem aufgenommenen Menschen gestatten, ein menschenwürdiges Leben zu leben. Dazu gehört in den meisten Fällen auch der Wunsch, zusammen mit einem Partner eine Familie zu gründen. Somit wird aus nur einem zu uns gekommenen Flüchtling gleich eine Familie, je nach zugehöriger Kultur, eine kleine oder auch eine große Familie. Das Problem liegt also darin, dass selbst in den meisten europäischen Ländern eine hohe Arbeitslosigkeit herrscht. Somit stellt sich die Frage: Woher nehmen wir die Arbeitsplätze für die zu uns gekommenen Flüchtlinge? Da kommt doch schnell der Gedanke auf, dass die Probleme in den Herkunftsländern der Flüchtlinge gelöst werden müssen, jedenfalls in der Hinsicht, dass in vielen Fällen Hilfe geleistet werden kann durch sexuelle Aufklärung, damit der Nachschub an Flüchtlingen reduziert wird. Die Menschen betreiben Fortpflanzung, obwohl oder weil sie selbst hungern, im Bewusstsein, dass sie ihren Nachwuchs niemals werden ernähren können. Entwicklungshilfe durch Aufklärung. Allerdings sieht es hier bei uns in Europa in Wahrheit nicht viel besser aus. Die

Arbeitsplätze steigen nicht proportional zur Geburtenrate. Die ständig steigende Anzahl an personaldienstleistenden Firmen, die Arbeitspersonal auf Zeit anbieten, wobei die Beschäftigten nicht nur im Niedriglohnsektor arbeiten müssen, sondern auch ständig mit der Angst leben, schon am nächsten Tag wieder vor dem Arbeitsamt zu stehen, beweist, dass es in Wahrheit keine menschenwürdige Arbeit für die hinzugekommenen Flüchtlinge geben wird.

Die Sinnfrage

Die Frage nach dem Sinn der Menschheit kann man als geklärt betrachten. Rückblickend gilt es als zweifelsfrei gesichert, dass der Mensch seit Beginn seiner Existenz auf der Erde permanent hinzugelernt hat. Die Anthropologie wird bestätigen, dass der Mensch in geisteswissenschaftlicher Hinsicht eine Ausnahmestellung gegenüber allen anderen Lebewesen auf dieser Welt einnimmt. Also der Sinn des menschlichen Daseins ist Hinzulernen. Das Lernziel ist offen. Die Zerstörung der Menschheit und der Welt durch den Menschen kann niemals das Ziel sein. Dann muss die Naturwissenschaft eben hinzulernen und einsehen, dass die Entwicklung der Atombombe ein Fehler war. Ich kann doch nicht als Wissenschaftler ernsthaft die Zerstörung der Menschheit im Fokus haben. Menschenachtung erfordert auch ein Opfer durch Verzicht auf Ruhm und Egobedürfnisse. Allein für die Erfindung und Nutzung der Schusswaffe war der Mensch noch nicht ethisch und sittlich gereift. Für sein weiteres Überleben musste er hinzulernen. Auf sinnlose Duelle mit Pistolen, besonders unter Intellektuellen, wurde schließlich verzichtet.

Ein Laienphilosoph darf natürlich der intellektuellen Welt keine Ratschläge geben, vielleicht erst dann, wenn die Wissenschaft und mit ihr die Politiker durch Wettrüsten in Größenwahn versinken. In den siebzig Jahren nach grauenhaften Menschenvernichtung konnte offensichtlich doch noch nicht genug hinzugelernt werden. Der Ist-Zustand dieser Welt ist gleichzeitig das Produkt der Intellektuellen dieser Welt. Begabung und Intelligenz dürfen dem Menschen nicht zur Falle werden.

Hinzulernen heißt also Mensch werden. Niemand wird sein Leben ändern, wenn er nicht weiß, wozu.

Seit Jahrtausenden haben die Religionen die Klärung der Sinnfrage für die Menschheit für sich in Anspruch genommen und diese durch einen göttlichen Willen erklärt und begründet. Ein göttlicher Wille widerspricht jeder Logik. Ludwig Wittgenstein schlussfolgerte, Gott offenbare sich nicht in dieser Welt. Wenn diese Welt Gottes Welt wäre und Gott sie lenken würde, dann wäre sie Gottes Werk. DEUS CULPA, und Gott wäre schuldig geworden, aber einen mit Schuld beladenen Gott dürfen wir Menschen uns nicht denken. Wir Menschen müssen also die Verantwortung für diese Welt selbst übernehmen. Die Menschheit kann auf eine lange Vergangenheit zurückblicken und vieles daraus lernen für die Zukunft. Die Natur lehrt uns Ausgewogenheit. Der menschenverachtende Kapitalismus zerstört die Welt, obwohl seine Existenz heute allein durch den Konsum der Menschen möglich ist.

Versuch

Jeder Versuch, einen Entwurf für eine neue Welt zu liefern, würde an der Umsetzung in die Praxis scheitern. Der Mensch als Individuum lässt sich nicht in eine allgemeingültige, noch zu schaffende neue Gesellschaftsform pressen.

Der Kommunismus musste letztlich daran scheitern, dass der Mensch nicht bereit war, nur für die Gegenleistung der Nahrungsmittelzuteilung für das Allgemeinwohl der menschlichen Gesellschaft zu arbeiten.

Der Mensch selbst muss sich prüfen, ob er wirklich dafür geschaffen ist, in einer sozialen Gemeinschaft zu leben. Die Frage lautet: Wie viel vom Menschen noch unbeherrschbares Gewaltpotenzial steckt noch in ihm? Es ist falsch zu glauben, dass das Gemetzel zwischen Hutu und Tutsi als eine Ausnahme im menschlichen Verhalten betrachtet werden darf im Hinblick auf prähistorische kulturelle Einflüsse, die noch nicht gänzlich ausgeräumt wären.

Die IS-Kopfschlächter veranlassen uns zum Nachdenken über die Frage, wie weit wir Menschen immer noch Barbaren sind. Im Grunde wissen wir genau, wozu ein verhasster Nachbar auch heute noch fähig wäre, wenn er nur sicher sein könnte, dass er ungestraft davonkäme. Denken wir an die Vergewaltigungsattacken geistlicher Würdenträger, die im Schutz der kirchlichen Macht unbehelligt ihre sadistischen Veranlagungen ausleben konnten.

Wir wünschen uns vielleicht alle eine friedliche menschliche Gesellschaft, die aber vom Menschen selbst nicht geliefert werden kann. Eine bessere Welt sollte aber zumindest von uns Menschen gedacht werden können.

Auf der einen Seite sieht es so aus, dass die Menschheit sich, aus religiös-ideologischen Gründen, weiterhin gegenseitig abschlachtet. In Zukunft auch unter anderem mit Einsatz von Atombomben, dann wäre das Ende der Menschheit erreicht und Gott, wenn es ihn gäbe, bekäme seine mühsam erschaffene Welt vom Menschen zurückgegeben in dem Zustand, in dem er sie auch nicht besser verdient hätte. Welcher Gott kann diese Welt verantworten?

Auf der anderen Seite besteht jetzt noch die Möglichkeit, dass allen Prognosen und Erwartungen zum Trotz der Mensch damit beginnt, einen völlig neuen Weg einzuschlagen auf Basis einer vorher nie da gewesenen Selbsterkenntnis, die ihn dazu befähigt, erstmals in der Geschichte der Menschheit die Verantwortung für seine Gattung und sein Dasein auf diesem Planeten Erde zu übernehmen. Es gibt außer diesem Weg nichts, was der Mensch nicht schon ausprobiert oder versucht hätte. Das soll heißen, der Mensch erkennt quasi spontan seine Spiritualität und damit seine Verbundenheit mit dem unendlichen Kosmos. Plötzlich sieht der Mensch sich selbst nicht mehr im Mittelpunkt des kosmischen Geschehens. Sein weiterbestehendes Sein im spirituellen Raum sieht er als a priori unzerstörbar gesichert. Das mag mancher Mensch nicht unbedingt ohne eine gewisse Sorge betrachten. Bisher war es sehr einfach, sich durch die Zugehörigkeit zu einer Religionsgemeinschaft Vorteile vor Gott zu erwirtschaften. Vergebung war das Angebot der Verlockung, dem kein Mensch widerstehen konnte. Von nun an müssen wir Menschen mit unserem gelebten Leben, mit allen unseren jemals gedachten Gedanken in den spirituellen Raum übergehen.

Die Erdbeben in Nepal zeigen uns, dass Menschen in anderen Kulturen durchaus mit dem Tod des Menschen leben können. Für sie ist die Erde ohnehin kein sicherer Ort mehr zum Überleben.

Der Mensch im Allgemeinen betrachtet von nun an seinen Aufenthalt auf diesem Planeten Erde als einen kurzen Abstecher mit einer Pause zum Nachdenken auf seinem Weg, seine Weiterreise durch den Kosmos.Vorbei ist es mit der Idee, einem vom Menschen gedachten Gott zu dienen. Nach unserem Dasein, unserem Aufenthalt auf dieser Erde, stehen wir nach dem Tod nicht unmittelbar vor Gott oder befinden uns sogleich im Himmel, sondern die Reise unseres spirituellen Geistes geht weiter. Es kann nicht anders sein, denn der für uns Menschen sichtbare materielle Kosmos ist unendlich. Aber unser Planet Erde und das ganze Sonnensystem haben ganz sicher ein Ende. Die gesamte Materie wird sich bestimmt nicht in Nichts auflösen, sondern vielleicht in einer anderen Form weiterhin im Kosmos vorhanden sein.

Die Existenz des spirituellen Raums kann weder als Raum noch als für den Menschen begreifliche unzerstörbare Energie bewiesen werden. Genau darin liegt aber die Möglichkeit für den Menschen, seine Aufmerksamkeit zu lenken. Der Tod des Menschen ist in letzter Konsequenz auch nur als der physische Tod zu beweisen. In Anbetracht der umfangreichen Berichte über Nahtoderfahrungen ist es an der Zeit, dass die Wissenschaft sich mit diesem Thema auseinandersetzt.

Der Philosoph Giordano Bruno (1548–1600) lieferte in seinem Lebenswerk Gedankenmaterial von unschätzbarem Wert in höchst intellektuell-akademischer Form, die von Menschen mit allgemeinem Alltagsverstand im Wesentlichen nicht verstanden werden wirdd. Hier kann die Wissenschaft den Hebel ansetzen, wenn sie bereit ist, den Inhalt für eine erweiterte Leserschaft in verständlicher Sprache zu formulieren, unter Hinzuführung neuzeitlicher philosophischer Erkenntnisse. Haben wir denn vielleicht eine zu hohe Erwartungshaltung an unsere Wissenschaftler? Dürfen wir einfachen Leute sagen, sie könnten uns das Huhn erklären, aber nicht das Ei? Das Jenseits ist seit Jahrtausenden fest in der Hand religiöser Fanatiker. Jedoch jeder, auch nicht unbedingt der größte Denker, weiß, Fanatismus ist die Ohnmacht des Un-wissenden.

Der von Kant so hochgepriesene kategorische Imperativ wird jetzt hier nicht wiederholt, er lässt sich kurz und knapp mit den Worten wiedergeben: Lebe nach deinem Gewissen, aber schade niemandem.

Man könnte sagen, seit Marcus Tullius Cicero legen die Berufsphilosophen mehr Wert auf eine akademisch gebildete Sprache als auf den Inhalt, den sie der Welt mitteilen wollen. Es ist die Vertikalausrichtung, die das Leben der großen und größten Denker auf dieser Erde so spannend erscheinen lässt. Wer oben ist, möchte außer Gott nicht noch einen Menschen über sich haben. Denn so könnte ein Leser Peter Sloterdijk verstehen, wenn er sagt:»Seit die Aufklärung Gott zu einer moralischen Hintergrundstrahlung des Universums herab-stufte oder ihn geradewegs zur Fiktion erklärte ...«, und so weiter. Peter Sloterdijk verwendet in diesem Zusammenhang das Wort»Gott«.

Der Leser könnte zu dem Schluss kommen: Gott gebe es also doch. Gott gibt es aber nicht, nicht im Sinne des allgemein gültigen Sprachgebrauchs. Wäre es aber so, könnte alles wieder von vorn beginnen. Der Mensch würde wieder erneut einen göttlichen Willen in die Welt setzen, der zu jeder erdenklichen Gräueltat missbraucht werden könnte. Auf dieser Erde trägt allein der Mensch die Verantwortung für Mensch und Tier. Zu lange hat der Mensch seine selbst erfundene Vision von einem richtenden, strafenden Gott in unvorstellbarer Dreistigkeit vor seine Entscheidungen gestellt.

Wenn der ehemals als Oberinquisitor eingesetzte Papst bei seinem Arbeitgeber Gott in den Sack hauen darf, kann jeder denkende Mensch nachvollziehen, dass alle Hexenverbrennun-gen und andere Grausamkeiten, die von der Kirche verhängt wurden, allein von Menschen zu verantworten sind.

Zerstören

Zerstören war unser Modus Vivendi. Warum? Wir waren Fresser, wie alle anderen Lebewesen. Wir fraßen unsere eigene Gattung. Etwa so, als würden Wölfe Wölfe fressen. Das war nicht im Sinne der kosmischen Absicht. Dem Menschen fehlte das Programm für eine ethisch-sittliche Weltordnung, die auch mit der übrigen Welt verträglich wäre.

Die Tierwelt hatte ihre Nische gefunden, sie fraß sich nicht mehr selbst, sondern eben andere Tiergattungen, wenn sie nicht nur Pflanzen oder Bäume fraßen. Zu Beginn war der Mensch ebenfalls Vegetarier, aber als das Feuer zu dem Menschen kam, war es um seine Unschuld geschehen, was später noch häufiger sichtbar werden sollte.

Um den Gedanken auf den Punkt zu bringen, muss die alles entscheidende Frage gestellt werden: Wie kam das Gewissen in die Menschenwelt? Der Kosmos musste eine Absicht im Visier gehabt haben. War der Natur ein Fehler unterlaufen, der korrigiert werden musste? Warum konnten wir Menschen uns nicht gemütlich weiterhin gegenseitig essen?

Heute müssten wir dem Menschen erst Organe wegnehmen, um dann den Rest oder einen Teil davon essen zu können. Was haben wir heute auf der Karte? Weiberschenkel am Spieß oder gekochte Mädchenbrust mit Salat? Das sollte allerdings vorläufig noch für die Öffentlichkeit undenkbar bleiben. Wären solche Gedanken in unserer menschlichen Gesellschaft vorstellbar?

Wir Menschen schaffen uns immer nur ein vorläufiges Regelwerk. Handeln wir Menschen nach unserem eigenen Gewissen oder gibt es ein kosmisches Gewissen?

Im Krieg werden immer noch Menschen von Menschen vernichtet, gegessen werden sie allerdings nicht mehr. Ist das ein Plus für die kosmische Idee vom Menschen?

Ist unser Sonnensystem ein geplanter kosmischer Wille? Ein Wille der Materie, so wie eine Pflanze wachsen will? Der Mensch denkt sich für Gott eine Omnipotenz, die benötigt aber keinen Willen. Darum gibt es für uns Menschen, für die Zukunft, keinen Übermenschen, weil er als Mensch keinen Sinn macht, er würde mehr zerstören, als er der Menschheit dienlich sein könnte.

Warum haben unsere Berufsphilosophen keine Idee von einer fortentwickelten Menschheit?

Philosophie

Philosophieren ist vielleicht ein Gedankensport mit Flow-Erlebnissen. Dieser Sport dient am meisten dem, der ihn ausübt. Aristoteles hat in seinem Leben unermüdlich, fast ununterbrochen gearbeitet, da kam schon etwas zusammen, getrennt vom Unsinn, ist sein Ruhm bis heute ungebrochen. In fast allen Philosophenschulen der Antike war Teamgeist der Schlüssel zum Erfolg. Die Denker, die wir heute als Genies bezeichnen, haben ihre Fragen an den Kosmos gerichtet und der Kosmos hat ihnen geantwortet. Dazu passt der Satz von John Locke: »Es ist nichts im Verstande, was nicht zuvor in den Sinnen gewesen wäre.«

Die Welt, oder der Raum, in der alle von Menschen jemals gedachten Gedanken gespeichert sind, ist nach meiner Ansicht nicht autonom. Soll heißen, sie liefert zwar dem suchenden und denkenden Menschen Erkenntnisse, die aber nicht in diesem Raum oder in dieser Welt erstellt worden sind. Was also wie eine Erkenntnis aussieht, ist in den Sinnen eines anderen zuvor auf der Erde gelebt habenden Menschen bereits gedacht, aber vielleicht nicht aufgezeichnet worden. Wäre es anders, gäbe es hier auf der Erde keine so katastrophalen naturwissenschaftlichen Fehlentscheidungen wie zum Beispiel den Bau einer Atombombe. Die Welt ist also die Welt der Menschen.

Ein Satz von Ludwig Wittgenstein: »Wie die Welt ist, ist für das Höhere vollkommen gleichgültig. Gott offenbart sich nicht in der Welt.«

Seit jeher versuchen die Philosophen einen kausalen Zusammenhang der unsterblichen Seele des Menschen zu Gott zu bestimmen. Gott ist also die Ursache der Seele des Menschen. Die Seele des Menschen, so wunderbar sie auch sein mag, hat im kosmischen Geschehen keinen höheren Rang als die Seele eines Tieres zum Beispiel. Damit aber war der Mensch keineswegs einverstanden, sogar hochberühmte Philosophen stuften den Menschen höher ein als das Tier. Das machte die Sache, die wir hier Leben auf der Erde nennen, für uns Menschen wesentlich einfacher. Wir können denken, dass die Seele des Tieres beim Schlachten einfach verschwindet. Die Tiere fressen in der Regel nicht ihre Artgenossen, aber die Tiere schlachten auch nicht. Die Philosophen bieten also eine Philosophie an, die dem Menschen sehr entgegenkommt. Wie kann ein Philosoph sich so Gott denken: Die Seele des Menschen ist durch Gott unsterblich, aber die Seele der Tiere oder einer Pflanze verschwindet einfach? Das ist nicht Gott, sondern eine menschliche Vorstellung von Gott.

Warum ist Gott unverrückbar mit der Unsterblichkeit der Seele des Menschen in Verbindung gebracht worden? Warum und wozu eigentlich? Gott ist doch nicht irgendwie flexibel oder beeinflussbar, ist doch nicht erst dadurch Gott, dass es den Menschen gibt. Es gibt Religionswissenschaften, also eine Wissenschaft von Gott, die wissenschaftlich erforscht, was der Mensch glauben soll, muss oder kann. Die Anthropologie darf gern das Feld der Wissenschaft vom Menschen weiter bewirtschaften. Aber eine Wissenschaft über Gott darf der Mensch sich nicht zumuten.

Die Philosophie ist keine Wissenschaft an sich, weil jeder Mensch philosophieren darf und auch philosophieren sollte. Die großen Philosophen wurden und werden immer noch von Menschen mit Alltagsverstand zu hoch gewertet. Den meisten Menschen ist es schlichtweg nicht möglich, sich neben ihrer beruflichen Tätigkeit in das Angebot der großen Philosophen einzulesen.

Der Mystiker und Dominikanermönch Meister Eckhart (1260–1327) hat damals schon den Satz geprägt: »Seit ich bin, kann Gott ohne mich nicht mehr sein«. Er musste seine

Philosophie zum größten Teil widerrufen. Jeder Mensch darf an Gott glauben, er darf auch glauben, dass Jesus Christus ein wunderbarer Mensch war, jedoch sollte der Mensch nicht glauben, dass ein Mensch, der auf dieser Welt gelebt hat, der leibhaftige Sohn Gottes war. Warum darf das nicht sein?

Das ist die entscheidende Frage, weil sich der Mensch nicht ermächtigen darf, hier auf der Erde eine vom Menschen gedachte göttliche Verfügungsgewalt auszuüben. Der Mensch ist nicht mit Gott auf Augenhöhe. Der Mensch darf sich einen Gott denken, auch an Gott glauben, aber nicht die Rolle, die der Mensch seinem gedachten Gott zuspricht, hier auf dieser Welt ausüben oder ausleben. Das führt dann zu den entsetzlichsten Gräueltaten, die von Menschen an Menschen ausgeübt worden sind, wie Hexenverbrennungen und Folterungen.

Wer heute nicht mehr will, dass zum Beispiel von dem IS oder von anderen religiösen Fanatikern einem Menschen der Kopf abgeschlagen wird, muss zurückschauen auf die unsägliche Vergangenheit der römisch-katholischen Kirche. Audere veritas, wage Wahrheit.

Der Zustand dieser Welt ist das Ergebnis unserer so hochgeschätzten Philosophen.

Der große Denker und auch geweihte Priester der katholischen Kirche, Giordano Bruno, wurde auf dem Scheiterhaufen verbrannt, weil er in seinem Glauben Gott in den unendlichen kosmischen Raum hineingedacht und Gott nicht nur als den Schöpfer und Erschaffer unseres kleinen Planeten Erde betrachtet hat.

Religionen dulden keine Kritik an ihrer dogmatischen Auslegung über das, was Gott ist, sehr wohl wissend, dass jeder dem Menschen aufgezwungene Doktrinarismus grundsätzlich zum Scheitern verurteilt ist. Die Axiologie, die philosophische Wertlehre, der als Axiom als absolut richtig anerkannte Grundsatz, die gültige Wahrheit, die keines Beweises bedarf, wird von den Religionen auf Gott angewandt. Das ist bis hierher auch noch so weit unbedenklich, da die Existenz Gottes weder wissenschaftlich bewiesen noch widerlegt werden kann. Gefahr droht allerdings, wenn der Mensch sich eine auf Gott bezogene Ethik denkt. Diese Ethik muss aus Sicht des Menschen zwangläufig gottgefällig sein. Das aber ist unmöglich, weil wir uns Gott nicht als eine »Ich-Person« vorstellen dürfen, die Gefälligkeiten honoriert. Damit wäre Gott wieder die gedachte Konstruktion eines Menschen. Die Schutzbehauptung der Kirchen: Gott gibt es, Gott ist die absolut gültige Wahrheit und diese Wahrheit kann nicht angezweifelt werden, erfüllt den Anspruch der Gläubigen.

Hochgelehrte Philosophen, Mystiker und Denker wie Eckehard, haben sich selbst überhaupt die Frage gestellt«? Was ist denn nun Gott? Obwohl es Gott a priori geben muss, es keinen Zweifel an der Existenz Gottes geben kann, geht Eckehard, trotz seiner ungeheuerlichen Geisteskapazität oder auf Grund seiner überdurchschnittlichen intellektuellen Fähigkeiten, in die Abgeschiedenheit. Eckehard versucht also nicht mehr, Gott auf intellektuellem Weg über den Verstand zu erklären und zu begreifen, sondern in der Loslösung von den Dingen des Lebens und der Welt eine Wahrheit in sich selbst zu finden.

An dieser Stelle kann man das Wittgenstein-Zitat einflechten: »Der Fliege den Weg aus der Flasche zeigen.« Aus meiner Sicht findet die Fliege deshalb nicht den Weg aus der Flasche, weil sie nicht über ein vom Kosmos zugeordnetes Programm des Innehaltens verfügt. Die Fliege setzt immer darauf, zum Licht zu fliegen, ohne zu realisieren, dass es hier an der Flaschenwand nicht weitergeht. Würde eine von außen auf die Flasche einwirkende Kraft die Flasche verdunkeln und nur den Hals der Flasche mit der Öffnung freilassen, würde die Fliege auch den Weg aus der Flasche finden.

Auf uns Menschen angewandt, bedeutet dies so viel, dass

selbst eine überragende Intelligenz nicht über den Verstand den Weg zu Gott finden kann. Jesus Christus hat schon 1200 Jahre vor Eckehard das Problem mit den Worten gelöst: »Gott ist inwendig in euch.« Hier möchte ich als Laienphilosoph zuerst einmal das Wort »Gott« aus meinen Betrachtungen weglassen und durch das Wort »Kosmos« ersetzen. Gott ist die seit Jahrtausenden in der Menschheitsgeschichte verankerte Begrifflichkeit, die die größte, vom Menschen nicht begreifbare Instanz der grenzenlosen Macht beinhaltet.

Falsch an diesem Gottglauben ist die Tatsache, dass wir Menschen dieser Macht nicht ausgeliefert sind. Warum nicht könnte die Antwort lauten: Weil wir als Mensch selbst unser Dasein auf diesem Planeten Erde nicht zu verantworten haben. Der Kosmos hat ein umfangreiches Programm geschaffen durch den Geschlechterunterschied, dass der Mensch vorläufig nicht damit aufhören wird, neues Menschenleben in die Welt zu setzen. Die kosmische Intelligenz sorgt weiterhin weltweit für ein paritätisches Aufkommen der beiden Geschlechter. Unzählige Beispiele der kosmischen Intelligenz lassen sich aufführen, zum Beispiel die Tatsache, dass eine Wunde heilt. Diese Intelligenz kann man nicht als die Willensentscheidung einer auf die Welt einwirkenden göttlichen Macht bezeichnen.

Der Mensch ist ein spiritueller Geist in einem physikalischen Körper. Durch seine Körperlichkeit ist er zu einem genauso primitiven Dasein verurteilt wie alle anderen Lebewesen hier auf diesem Erdtrabanten. Der Kosmos versorgt ihn mit den Fähigkeiten, die er zum Überleben benötigt. Der Mensch nimmt aus kosmischer Sicht keine Sonderstellung ein gegenüber den anderen Lebewesen auf der Erde.

Nach dem Tod des Menschen verlässt die unsterbliche Seele in Verbindung mit ihrem spirituellen Geist ihren menschlichen Körper und den physikalischen Raum der Welt und geht hinüber in einen vom Menschen nicht fassbaren spirituellen Raum.

So wenig, wie der werdende Mensch seinen Zeugungsprozess aus eigener Kraft über einen Willen abbrechen kann, kann er auch nicht nach seinem Tod den Weg seiner Seele in den spirituellen Raum verweigern. Hier gibt es keinen Gott als Richter und keine kosmische Macht, die über das Leben des Menschen, was er auf der Erde abgeliefert hat, urteilt, sondern der spirituelle Geist sieht sein gelebtes Leben, mit allen Handlungen und mit allen in seinem Leben jemals gedachten Gedanken.

Menschen mit Nahtoderfahrungen, die für einen Zeitraum in diesem »Jenseits« waren und wieder in ihren Körper zurückmussten, konnten darüber berichten. Wobei alle ausdrücklich betonten, dass das Erlebte nicht mit der uns Menschen zur Verfügung stehenden Sprache zu beschreiben sei.

Die kosmischen Gesetze sind nicht durch den Willen des Menschen oder einen Glauben an Gott beeinflussbar. Keine im Kosmos existierende Macht kann etwas daran ändern und keine Macht kann eine Schuld vergeben, die ein Mensch in seinem Leben auf sich geladen hat. Menschen, die schwere Verbrechen gegen die Menschlichkeit begangen haben, wie Nazigräuel oder Hexenverbrennungen, werden diese Taten in höchst lebensechten Bildern als spiritueller Geist durchleben müssen.

Raymond A. Moody schreibt dazu folgenden Satz: »Und wenn ich meine sämtlichen Vorstellungskräfte anstrenge, kann ich mir doch keine Hölle ausmalen, die noch schrecklicher und unerträglicher wäre als diese.«

Der spirituelle Geist befindet sich in einem Raum ohne Zeit. Zeit ist physikalisch also primitiv und nicht spirituell. Im Raum der Zeit hat alles auch einmal ein Ende. Über den spirituellen Raum können wir Menschen keine weiteren Angaben machen. Wir wissen nicht, ob eine mit Schuld beladende Seele jemals wieder aus dieser Situation befreit werden kann. Aber bis hierher gingen schon die jahrtausendealten Sagen und Mythen.

Darum dachte sich der Mensch einen Gott, den man um Vergebung bitten könnte, für eine entsprechende Gegenleistung natürlich, die dann von den Religionen definiert und festgelegt wurde. Das Angebot konnte ein Mensch mit einem Alltagsverstand nicht ablehnen. Das wussten die Kirchen und Religionen genau und wissen es auch heute noch. Dem Kirchenmenschen darf allerdings nicht in seinem Glauben und in seinen Handlungen der geringste Zweifel aufkommen. Das Gewissen ist sicherlich das Maß der Dinge, aber Fanatismus ist Selbsttäuschung und hat im spirituellen Raum keine Chance. Die Selbstaufklärung kommt bestimmt, da hilft kein Beten und kein Bitten. Gemeint ist damit, dass der Mensch sehr wohl kosmische Signale wahrnehmen kann, wenn er sich nicht bewusst gegen diese Wahrnehmung sperrt oder sich ihr sogar widersetzt. Das Widersetzen gelingt dem Menschen am besten, wenn er sich sagt: Ich bestrafe den, der sich gegen Gott versündigt hat. Wenn wir nun bei diesen Betrachtungen das Wort »Gott« durch das Wort »Kosmos« ersetzen (mit Kosmos ist das ganze Universum gemeint), wird uns spontan klar, dass der Kosmos zum Beispiel auf dem Planeten Erde keine von ihm bevorzugten Lebewesen geschaffen haben kann. Für den Kosmos sind die Nachfolger Abrahams mit allen anderen Menschen auf dieser Erde gleichgestellt. Der Kosmos ist absolut neutral und absolut gerecht. Naturkatastrophen werden von den betroffenen Menschen in der Regel geduldig ertragen, weil alle Menschen aus allen Gesellschaftsschichten betroffen sein können, der Kosmos trifft keine spezielle Auswahl. Das größte Elend auf dieser Erde wird aber vom Menschen selbst in die Welt gesetzt. Dazu gehört in erster Linie religiöser Fanatismus. Die meisten Kriege jetzt im 21. Jahrhundert sind Kriege mit religiösem Hintergrund. Die zweite Katastrophe ist die Überproduktion an Menschen durch unaufgeklärte Bevölkerungsschichten auf vielen Kontinenten der Erde. Nicht der Kosmos, sondern der Mensch muss die Verantwortung für seine Nachkommen übernehmen. Viele Menschen hungern selbst und produzieren noch Nachwuchs hinzu, obwohl sie wissen, dass ihre Kinder an Hunger sterben werden. Aufklärung ist zwingend erforderlich und die vordringlichste Aufgabe jeder kultivierten Nation, dort Hilfe zu leisten.

Der Mensch hat es sich mit seinem Glauben an Gott bisher zu einfach gemacht. Hier kann er noch unter den Angeboten an Glaubenszugehörigkeiten wählen, für die er sich dann entscheiden möchte. Erkennt der Mensch aber, dass er sich einzig und allein nur dem Kosmos gegenüber zu verantworten hat? Denn der Kosmos wertet die Form, wie der Mensch sein Leben geführt hat. Warum ist das so? Warum der Kosmos und nicht Gott? Die Antwort lautet: Der Kosmos hat den entscheidenden Willen zum Sein, der Kosmos hat sich ständig verändert und verbessert.

Die Geschichte des Erdzeitalters gibt uns Aufschluss darüber, dass wir Menschen erst sehr spät hinzugekommen sind. Gott war vorher, Gott trifft keine Entscheidungen. Den Menschen gibt es auf der Erde, weil er zum kosmischen Sein einen positiven Beitrag leisten soll. Zu dem kosmischen Sein gehört der spirituelle Raum genauso wie der physisch materielle Raum. Eben weil der Mensch einen physischen Körper und einen spirituellen Geist hat. Für diesen Geist muss es einen für den Menschen unsichtbaren spirituellen Raum geben. Es ist die Fortführung seiner Existenz, jedoch ohne den physikalischen Körper, nur mit seinem spirituellen Geist auf einer anderen Ebene. Auf dieser Ebene wird der spirituelle Geist sich ebenfalls weiterentwickeln können. Es sind noch weitere Ebenen denkbar, bis der spirituelle Geist sagen kann: Jetzt stehe ich vor Gott.

Es muss doch einleuchten, dass ein Mensch nicht aus ideologischen Gründen wahllos Menschen auf Scheiterhaufen verbrennen oder ihnen den Kopf abschlagen darf. Das duldet der Kosmos nicht, weil kosmisches Sein zerstört wird. Körper, Seele und spiritueller Geist werden auseinandergerissen. Es gibt keinen Menschen auf der Erde, der diese Macht dazu haben könnte. Wäre es anders, dann stünde dem Menschen auch die Macht zu, zum Beispiel die Umlaufgeschwindigkeit der Erde anzuhalten oder auf eine andere Art und Weise in das kosmische Geschehen einzugreifen.

Der Mensch muss erst noch Mensch werden, bis er irgendwann einmal durch viele Seinsstufen hindurch überhaupt das Wort »Gott« in den Mund nehmen darf.

Diese Betrachtungen lehren uns, dass diese Welt gewissermaßen die Vorschule zum Menschwerden ist. Genau genommen dürfen wir auf dieser Welt auch Fehler machen, wenn wir bereit sind, aus unseren Fehlern zu lernen. Tyrannen, Despoten und Fanatiker weigern sich hinzuzulernen. Außer Hitler, Stalin oder Mao Zedong gibt es noch unzählige weitere Namen, die man nennen könnte. Viele, darunter auch große Denker, haben die Frage gestellt: Warum kann Gott die Verbrechen dieser Menschen zulassen?

Die Frage darf eben nicht an Gott gerichtet werden. Gott können wir Menschen weder fassen noch beschreiben. Dazu ein Zitat von Plotin, 205–270: »Die Gottheit ist das in Wahrheit Unaussprechliche. Nicht einmal, dass sie ist, kann man zu Recht von ihr aussagen, denn sie ist über alle menschlichen Begriffe vom Sein hinaus.«

Die Frage richten wir also an den Kosmos und der antwortet uns über unsern Verstand, über unser Gewissen und über unsere bis heute hinzugewonnenen kosmischen Erkenntnisse, dass jede Art von Menschenvernichtung nicht mit dem kosmischen Willen in Einklang zu bringen sein kann. Wäre es anders, dann wäre nicht nur unsere Welt oder unser Sonnensystem, sondern sogar das Universum Unsinn. Das System Gott ist Schöpfung und wird für uns Menschen durch den Kosmos und das Universum sichtbar. Jede Kreatur, jedes Lebewesen und auch der Mensch ist ein Universum.

Viele große Denker haben ihre Körper vernachlässigt zu Gunsten eines weiteren Seins nach dem Tod. Das war falsch, denn das Leben auf dieser Welt ist nicht Verbannung und Fluch, sondern eine uns vom Kosmos auferlegte Aufgabe, die wir zu bewältigen haben. Wir Menschen können uns nicht selbst zeugen. Jesus Christus hätte auch sagen können: »Der Kosmos ist inwendig in euch«, und heute würde Christus das auch sagen, und Gott gäbe es nur dann, wenn es gute Menschen gäbe.

Die Menschen haben spirituelle Begleiter, die wir auch Schutzengel nennen. Viele Menschen sind sich dieser Begleiter durchaus bewusst und manche verwechseln ihre Schutzengel mit Gott. Diese sind autonom, haben ihre Aufgaben selbst gewählt und arbeiten nicht im Auftrag von Gott. Sie sind Teil des kosmischen Systems und unterliegen nicht einer höheren spirituellen Macht. Sie leisten Hilfestellung, wenn man sie als Mensch um etwas bittet. Trotz dieser Hilfe muss der Mensch über seine Entscheidungen selbst Rechenschaft ablegen. In vielen Fällen meldet sich aber das Gewissen, wenn der Mensch gerade dabei ist, gegen kosmische Gesetze zu verstoßen.

Der spirituelle Raum ist nicht mystisch, er ist genauso real wie der physikalische Raum, in dem wir Menschen leben. Erst wenn uns Menschen der spirituelle Raum mehr und mehr bewusst wird, kann sich unsere Welt zum Besseren verändern.

Das Bedürfnis des Menschen nach religiöser Betätigung und Zugehörigkeit ist so alt wie die Menschheit. Es drückt sich aus in der Ausübung von Ritualen, die zu Ehren des angebeteten Gottes abgehalten werden.

Nicht nur Tiere, sondern auch Menschen wurden in unvorstellbaren Massen den Göttern geopfert. Jesus Christus war kein Freund von Ritualen und kein Freund von Tempeln und Synagogen. In diesen gottesdienstlichen Versammlungsorten fand er nicht die Gottesnähe, die er suchte, sondern er fand Gott in sich selbst und erklärte den Menschen, dass sie Gott in sich selbst suchen müssten. Christus, ein Laienphilosoph und ein großartiger Denker seiner Zeit. Was Jesus mit der Vergebung der Sünden meinte, war die Tatsache, dass der Mensch ein Vergehen vor sich selbst eingestehen kann, und wenn er den festen Willen hat, es nicht zu wiederholen, ist ihm auch vergeben. »Denn wer von uns ist ohne Sünde?«, soll Jesus gesagt haben. Jesus Christus verkündete das Reich Gottes (inwendig im Menschen), forderte Sinnesänderung, Nächstenliebe, Hingabe an Gott, den allmächtigen, gütigen Vater. So steht es über Jesus Christus im Lexikon. Im Prinzip bis in unsere heutige Zeit die modernste Lehre einer Weltanschauung, neben dem Buddhismus ca. 600 Jahre vor Christus. Wäre nicht von den Religionsgründern der alles entscheidende Fehler gemacht worden, Jesus Christus als den leibhaftigen Sohn Gottes zu bezeichnen. Das war ein unüberlegter, voreiliger und für die Zukunft untragbarer Entschluss. Denn als Sohn Gottes wäre Jesus ebenfalls wie sein Vater ein mit göttlicher Omnipotenz ausgestatteter wahrer Gott und somit für alle Gräueltaten und Verbrechen gegen die Menschlichkeit verantwortlich, die nach ihm und in seinem Namen von der katholischen Kirche begangen worden sind. DEUS CULPA. Gott kann nicht mit Schuld beladen sein.

Es ist bis heute noch ungeheuerlich, in welchem unüberlegten Ausmaß die katholische Kirche den Namen dieses Gutmenschen Jesus Christus missbraucht. Jesus Christus wollte seinen eigenen jüdischen Glauben der Zeit anpassen und reformieren, jedoch seine Gegner, die Pharisäer und Sadduzäer, ließen ihn mit Hilfe des Prokurators Pilatus kreuzigen. Was ist daran Gottes Wille?

Nahezu jeder gläubige Christ steht auch heute noch mit Überzeugung zu Jesus Christus, aber nicht mehr zu der römisch-katholischen Kurie. Es sieht so aus, als wäre Jesus Christus, wenn er denn wiederkommen könnte, der einzige Mensch, der alle Christen aus diesem Dilemma befreien könnte. Oder sind wir Christen jetzt selbst an der Reihe, wie Jesus zu unseren eigenen Erkenntnissen und Überzeugungen zu stehen? Allerdings den Mut, uns kreuzigen zu lassen, haben wir bestimmt nicht.

Adenauer

Konrad Adenauer, kein Despot wie Hitler, hat ein ganzes Volk aus seinem tiefsten Tal, in dem es jemals gestanden hat, nach oben geführt. Der Wille des Menschen nach Leben ist und war auch kosmischer Wille und der hat es möglich gemacht. Die irrsinnige Hitlerverblendung war nicht mehr der entscheidende Antrieb. Die dem Menschen typische Gier nach Besitz, Hab und Gut gab ihm ausreichend Motivation, um Geschäfte zu machen. Die Menschen halfen sich zwar gegenseitig, aber nur mit Nächstenliebe wäre der Wiederaufbau nicht gelungen.

Ganz eindeutig waren der Wiederaufbau und das Wirtschaftswunder auf die Profitgier der cleveren Geschäftemacher zurückzuführen. Heinrich Böll hat sich damals ein wenig mit einer zeitkritischen Betrachtung an die Sache herangewagt, was dann in den 68er-Jahren zu den Studentenaufständen führte. Der Sinn dieser Betrachtung liegt aber jetzt an dieser Stelle in der Gegenüberstellung von menschlichem Streben zum einen, nach einer utopischen Weltherrschaft mit einem selbstzerstörerischen verlorenen Krieg, und zum anderen dem Wiederaufbau einer funktionierenden Marktwirtschaft und einer demokratisierten Volkswirtschaft. Das alles ist im Einvernehmen des kosmischen Willens möglich.

Wir Menschen verfügen also über einen breiten Spielraum unserer Entscheidungsmöglichkeiten auf diesem Erdtrabanten. Trotz unzähliger Hinweise großer Denker ist es dem Menschen nicht gelungen, den Sinn seines Seins auf dieser Erde zu erschließen. Allerdings hat er sich zur Aufgabe gemacht, die Lebensqualität des Menschen zu verbessern. Die Intelligenz des Menschen reicht aber völlig aus, zu begreifen, dass ihm hier Grenzen gesetzt sind.

Beispiel Atomenergie und alles, was damit zusammenhängt. Atomwaffen und sogar die gesamte Rüstungsindustrie können als Wirtschaftsenergie, die sich gegen den Menschen selbst richtet, verstanden werden.

Der Kosmos hat nicht das Bestreben, die Menschheit zu vernichten. Stattdessen verleitete die Profitgier und die Eitelkeit des Menschen dazu, seine Energie und Schaffenskraft zu oft in eine falsche Richtung zu wenden. Auf diesem Planeten Erde kann sich der Mensch den Willen der Materie zur Existenz nutzbar machen.

Der im Menschen deutlich hervortretende Dualismus aus Materie und spirituellem Geist macht es ihm nicht leicht, den Weg zu finden, den er von der kosmischen Idee her gehen soll. Die Elemente der Materie hat der Mensch bereits gefunden, er kann sie ordnen und auch miteinander verbinden, eben zu den selbstzerstörerischen Waffen, die bereits erwähnt wurden. Der spirituelle Geist des Menschen schafft eine Verbindung der Materie zu dem spirituellen Raum. Die Tatsache, dass der Mensch auf der Welt lebt oder gelebt hat, ist die Entscheidung darüber, dass sein spiritueller Geist in den spirituellen Raum eingeht. Genauso wenig, wie ein Mensch nicht erreichen kann, nicht gelebt zu haben, kann er auch nicht erreichen, nicht in den spirituellen Raum zu gelangen. Das Leben des Menschen ist also zwangsläufig mit unserem Kosmos verbunden und somit auch mit dem spirituellen Raum. Zu der Existenz unseres Sonnensystems gehört so etwas wie ein vorausgegangener Gedanke. Ein Gedanke in Form einer Energie aus dem spirituellen Raum. Dieser Raum ist aber ebenso in für uns Menschen unbegreifliche Abstufungen unterteilt wie der materiell physikalische Raum unseres Sonnensystems, mit dessen Verbindung zu dem dazugehörigen spirituellen System als höhere Form des Seins als Materie zum Beispiel.

Vergleichbar mit dem grenzenlosen materiellen Universum

und seinen unzähligen Galaxien und Sonnensystemen, ist davon auszugehen, dass jede Art von Materie mit einer höheren Stufe des Seins verbunden ist, die ich hier spirituelles Sein nenne. Das Wort »Sein« kann allerdings für die Spiritualität nicht angewandt werden. Genauso wenig wie das Wort »Gott« eine Bezeichnung sein kann für den gesamten spirituellen Kosmos.

Diese Ausführungen sollen verdeutlichen, dass im spirituellen Raum keine Willensentscheidungen denkbar sind. Die menschliche Idee von einem Schöpfergott mit einem Willen zur Güte und Vergebung ist reines Wunschdenken des Menschen, der sich selbst sowohl als materiell existent und auch spirituell existent begreift. Die höhere spirituelle Stufe des Seins ist nicht mit einer Willensentscheidung ausgestattet. Im spirituellen Raum geschieht der Ablauf vergleichbar wie Wachstum im materiellen Raum hier auf der Erde. Die Natur übt keine Willensanstrengung direkt auf die Pflanze aus. Das Wachstum ist im materiellen Raum als Wille zur Existenz der Materie gegeben.

Der Mensch kann den spirituellen Raum mit seinem Verstand nicht erschließen. Die Logik des eigenen Seins bringt ihn zu dem Begriff, den der Mensch Gott nennt.

Gott mit einem menschlichen Willen auszustatten, war ein typischer Fehler, der nur von einem Menschen gedacht werden konnte. DEUS CULPA. Der Mensch dachte sich einen mit Schuld beladenen Gott.

Der Schlüssel zur Metaphysik liegt im Menschen selbst. Dies ist aber nicht so zu verstehen, dass es ohne Mensch auch keine Metaphysik geben kann. Vergleichbar mit dem Satz von Meister Eckhart: »Seit ich bin, kann Gott ohne mich nicht mehr sein.« Der wahre Grund liegt aber im Wissen der Menschheit darin, dass unser Planet Erde nur über einen begrenzten Zeitraum existent sein kann.

Die von Menschen angesammelte Geistesenergie kann nicht verloren gehen. Jeder von jedem Menschen gedachte Gedanke ist physisch unzerstörbar. Die Gedanken benötigen keine Atome, um präsent zu sein und zu bleiben. Der von John Locke geprägte Satz: »Es ist nichts im Verstande, was nicht zuvor in den Sinnen gewesen wäre«, kann uns zu der Annahme verleiten, dass jede noch so geniale Erfindung eines Menschen bereits von einem anderen Menschen vorher angedacht worden ist. Die gedachten Gedanken und auch die physischen Handlungen eines Menschen bilden die Grundlage seines Seins im spirituellen Raum.

Die Erkenntnisse, die man von Menschen mit Nahtoderfahrungen gewonnen hat, sind nicht mehr als eine reine Glaubenssache einzustufen. Sie berichten häufig, dass kurz vor Eintritt des zu erwartenden Todes der gesamte Lebensfilm, bis ins letzte Detail, vor dem geistigen Auge ablaufe. Das soll an dieser Stelle nicht als Beweis dienen, denn das hinter unserer erfahrbaren sinnlichen Welt Liegende kann vom Menschen nicht komplex beschrieben werden. Eines kann hier aber schon als gesichert betrachtet werden: Wir Menschen dürfen auch selbst einem Mörder nicht das Leben nehmen, denn er kann noch in letzter Minute seines Lebens eine Erkenntnis erhalten, die ihm im spirituellen Raum von Nutzen sein könnte.

Gottmutter

Sind wir Menschen unfähig zu denken? Die ganze Natur um uns herum ist weiblich, alles muss wachsen, werden und gebären. Wenn wir schon Gottvater denken, müssten wir auch gleichzeitig Gottmutter denken können. Warum eigentlich? Wir sehen im Fernsehen die Geburt einer Supernova, aber wo ist der Erzeuger? Natürlich in den Köpfen der Menschen, die mit ihren technischen Mitteln eben diese Supernova ausmachen können, aber in ihrer spirituell-geistigen Konsistenz im alttestamentarischen Zeitalter stehen geblieben sind.

Wir stellen uns jetzt vor, dass nicht Gottvater seinen Sohn hat kreuzigen lassen, sondern dass Gottmutter ihre Tochter hat kreuzigen lassen, mit allem, was ein Passionsspiel so hergibt. Um der Absurdität dieser Passion eine Schockwirkung zu verleihen, ist die Tochter Gottes auch noch schwanger. Die Tochter Gottes hängt also völlig nackt am Kreuz. Während bei ihr der Tod eintritt, verlässt der Fötus den Körper der Mutter.

Es ist die Anmaßung des Menschen, er könne Gott richtig denken. Es ist Frevel, über Gott so zu denken, dass Gott überhaupt eine »Gottmutter« sein könnte. Die Gottvater-Geschichte ist für den Menschen durchaus tragbar.

Gottvater will seinen Sohn am Kreuz sterben sehen. Er will ein Sühneopfer darbringen für die Menschen, die er selbst erschaffen hat. Darf der Mensch über Gott so denken, egal ob nun Gott weiblich oder männlich gedacht wird? Wie grausam, schrecklich gefühllos und absurd darf der Mensch Gott einschätzen? Die gläubigen Christen sind nicht bereit, nur einen Schritt weiter an die göttliche Omnipotenz zu denken oder an die Kraft des Heiligen Geistes, der die Ermordung des Sohnes Gottes »Jesus Christus« auch für Menschen als undenkbar erscheinen lassen müsste.

Ob es der Sohn Gottes oder die Tochter Gottes ist, die Menschen dürfen sich nicht einen Gott als Mörder denken. Die Qualität der menschlichen Vorstellung von Gott ist barbarisch und unsagbar primitiv.

Albertus Magnus (1200–1280), der Philosoph, Naturwissenschaftler, Jurist und Theologe war, erschloss dem Abendland die Schriften des Aristoteles. Er war wohl der berühmteste Naturwissenschaftler seiner Zeit. Sein Schüler, Thomas von Aquin, war ein Mann von imponierender Gestalt und ebensolcher geistig imponierender Größe. Beide Wissenschaftler setzten sich mit der Philosophie des Aristoteles auseinander, die, vereinfacht gesagt, nicht in die Weltsicht des christlichen Glaubens eingefügt werden konnte. Niemals hätte Aristoteles der römisch-katholischen Erlösertheorie zugestimmt. Thomas von Aquin unternimmt dann den Versuch, in höchst intellektuell formulierten philosophischen Abhandlungen beide Weltsichten miteinander zu verbinden.

Meine Betrachtungen an dieser Stelle zielen darauf ab, darzulegen, dass selbst die größten Heroen des Geistes, und vielleicht auch gerade deshalb, weil sie anerkanntermaßen so groß waren, sich anmaßten, sich selbst mit Gott auf Augenhöhe zu denken in der sicheren Annahme und Überzeugung, Gott würde ihrem Denken folgen. Diese Intellektuellen sahen sich als die Wegbereiter dessen, was Gott auf dieser Erde wollte. Der Gottesbegriff, so wie Thomas ihn gedacht hat, war ganz klar jeder Naturwissenschaft übergeordnet.

Ein Beispiel schildert Gerd Schwerhoff, Professor für Geschichte an der Universität Dresden:»In Gegenwart des Papstes Urban VIII. schwor Galileo Galilei am 22. Juni 1633 der kopernikanischen Lehre ab. Dabei kniete der Philosoph, Hofmathematiker und Astronom des Großherzogs der Toskana, die eine Hand auf die Heilige Schrift gelegt, in der anderen Hand eine brennende Kerze.«

Nicht jeder Leser hat sich bis hierher mit dem heliozentrischen Sonnensystem nach Kopernikus befasst, mit der Sonne als Mittelpunkt unseres Sonnensystems, 1543 veröffentlicht, im Gegensatz zu dem von dem Griechen Claudius Ptolemäus, Astronom und Mathematiker, ca. 100 n. Chr. entwickelten Weltsystem mit der ruhenden Erde als Mittelpunkt, auch geozentrisches Sonnensystem genannt.

Die katholische Kirche hatte sich im Hinblick darauf, dass Gott die Welt durch seinen göttlichen Willen erschaffen hatte, auf das geozentrische Sonnensystem festgelegt. Hätte Galileo Galilei nicht abgeschworen, wäre er auf dem Scheiterhaufen verbrannt worden.

Einer der Kirchenlehrer und Vordenker war auch Thomas von Aquin, der sich zu seinen Lebzeiten für die Monarchie eingesetzt hat, zu der Zeit durchaus verständlich, der aber auch gleichzeitig vom Staat verlangte, dass dieser die von der Kirche verfasste, also das von Gott gewollte Regelwerk der Religion umzusetzen habe. Was bedeutete, dass der Staat die Aufgabe übernehmen musste, die von der Kirche als schuldig erkannten Häretiker zu vernichten. DEUS CULPA.

Hatten denn diese Denker das Bild von dem Gutmenschen Jesus Christus vollständig aus ihren Augen verloren? War denn nicht Jesus nach dem Regelwerk des jüdischen Glaubens selbst ein Häretiker gewesen?

Niemals hätte Jesus Christus seiner eigenen Erlösertheorie zugestimmt. Warum nicht? Jesus Christus war ein Pantheist: »Gott ist inwendig in allen Menschen« und in allen Dingen. Diese Theorie allein hätte schon im 12. Jahrhundert dazu gereicht, Jesus Christus auf dem Scheiterhaufen zu verbrennen.

Eckhart von Hochheim, auch Meister Eckhart genannt, ca. 1260 geboren, war Prior des Dominikanerklosters in Erfurt und wurde später Magister an der Universität in Paris, daher rührt die Bezeichnung »Meister Eckhart«. Eckhart, so sehen es die Historiker, war im Mittelalter einer der bedeutendsten Mystiker des Abendlandes, im Gegensatz zu den Scholastikern, die den Glauben an Gott intellektuell, also mit ihrem Verstand und der Logik zu erklären versuchten. Eckhart hingegen näherte sich Gott auf dem Weg des mystischen Philosophierens. Eine Philosophie, die mir persönlich sehr entgegenkommt. Der griechische Philosoph Plotin, der ca. 205 bis 270 n. Chr. lebte, bringt es auf den Punkt: »Von Gott können wir nur sagen, was er nicht ist, was er aber ist, können wir nicht sagen.« Die Liebe Gottes, wie sie im christlichen Glauben als Grund der Weltschöpfung gedacht wird, beurteile ich im Prinzip ähnlich wie Plotin, der die Liebe Gottes als Sehnsucht, als Mangel des Nichthabens deutet. Aus meiner Sicht erfolgt dies jedoch in der Annahme, dass die Liebe Gottes als eine von Gott erbrachte Leistung gegenüber der Welt und den Menschen betrachtet werden muss, wenn es sie denn geben sollte. Das ist aber nach meinem Denken unmöglich, da Gott niemals irgendeine Handlung vollzogen hat. Außerdem ist Gott seiner eigenen Schöpfung keinen Tribut schuldig. Die Liebe Gottes ist ein Wunschdenken des Menschen. Das ist im Prinzip auch nicht zu verurteilen. Aber wie der Mensch nun einmal geschaffen ist, nimmt er für sich selbst mehr Liebe von Gott in Anspruch, als er einem anderen zugesteht, zumindest dann, wenn der andere nicht seiner Glaubensrichtung angehört. Wir sehen wieder, diese Welt ist nicht Gottes Welt, sondern die Welt der kosmischen Entwicklung in unserem Sonnensystem. Wir Menschen sind auf diesem Planeten das Produkt der Menschen. Zu lange haben wir Menschen Gott für unseren Charakter verantwortlich gemacht. Die Menschen denken sich einen mit Schuld beladenen Gott. Das Christentum beginnt mit der Gruppe Menschen um Jesus, die wir als Pantheisten und Urchristen bezeichnen können.

Jetzt kommt Paulus, der Massenmörder der Christen, dem

nach seinem Damaskus-Erlebnis jedes Mittel recht ist, sich von seinem schlechten Gewissen zu befreien, und denkt sich nach langem Studium der Bücher Moses einen Gottvater im Himmel, der seinen Sohn am Kreuz ermorden lässt.

Der Gutmensch Jesus Christus wurde und wird immer noch für die wohl schändlichste Religion in der Menschheitsgeschichte missbraucht. DEUS CULPA.

Niemals hätte Jesus Christus zu seinen Lebenszeiten eine Hexe verbrennen lassen. Erst nach seinem Tod am Kreuz wurde er zum Sohn Gottes erklärt. Jesus Christus steht nicht für die unzähligen entsetzlichen Gräueltaten, die nach seiner Zeit von der katholischen Kirche an Menschen verübt worden sind. Häretiker durfte die Kirche im Namen Gottes verurteilen und auf dem Scheiterhaufen verbrennen. Das war nicht die Liebe Gottes, von der Christus gesprochen hat.

Wie grausam waren die Stellvertreter Gottes, als sie die »Reinen«, die Katharer, verstümmelt haben? Ihnen wurden die Augen ausgestochen, die Zungen abgeschnitten, sie wurden in Ketten gefesselt und zur Abschreckung den Mitgliedern ihrer Sekte vorgeführt. Weitere authentische Berichte über diese Vorgänge sind in der Literatur zur Genüge vorhanden. Die wahren Schuldigen allerdings waren und sind immer noch die von der Religion, von der Kirche infizierten gläubigen Menschen, nicht weil diese Menschen zu feige waren, gegen Grausamkeiten vorzugehen, sondern weil eine Verurteilung dieser Ungläubigen in ihren Augen gar nicht grausam genug sein konnte. DEUS CULPA.

Genau hier ist der Punkt, an dem wir feststellen müssen, dass die katholische Kirche niemals im Sinne Jesu Christi gehandelt hat. Auch von Beginn an nie im christlichen Sinne: »Gott ist inwendig im Menschen«, gedacht hat.

Durch die Paulus-Theorie, Jesus Christus sei der Sohn Gottes, wurde Jesus nicht mehr im Sinne seines Seins und Wirkens gedacht, sondern es wurde als ein Axiom in die Welt gestellt, dass der reale Gott im Himmel mit der Sendung seines Sohnes der Welt ein Zeichen über seine Existenz gegeben habe. Die Realitäten mussten angepasst werden. Die Auferstehung Christi von den Toten, die unbefleckte Empfängnis seiner Mutter, die von Menschen gedachte adäquate Vorstellung von Gott wurden nun zur realen Wirklichkeit Gottes. Die Universalreligion, die prinzipielle Gültigkeit für alle Menschen hat, war geschaffen. Religion bedeutet das Ergriffenwerden von der Wirklichkeit des Numinosen, das Numinose, das Göttliche als unbegreifliche, zugleich Vertrauen und Schauer erweckende Macht.

Jesus Christus selbst hat seinen Glauben an Gott keineswegs akademisch formuliert. Er sprach aus Gründen der allgemeinen Verständlichkeit von einem Vater im Himmel und nicht von Gott als einer Schauer erweckenden Macht. Die Lösung für das größte Problem der Menschheit überhaupt fand Jesus so einfach und genial in seiner Erkenntnis, die er mit dem Satz formulierte: »Gott ist inwendig in euch.«

An diesem eingangs in voller Länge formulierten Fundamentalsatz von Jesus kann sich die katholische Kirche neu reformieren. Vermutlich wird die Kurie der Kirche die Behauptung aufstellen, Jesus habe diesen Satz nie gesagt. Die Brisanz des Satzes liegt ja darin, dass die Wahrheit, die in ihm steckt, im Prinzip nur aus dem Kosmos, also von »Gott« selbst kommen konnte, und weil die Wahrheit von damals auch heute noch Gültigkeit hat. Denn wäre die Menschheit tatsächlich ohne jede Verbindung zum Universum und nur durch das verbunden, was der Mensch unter dem Wort »Gott« versteht, würden die Welt und die Menschheit in Chaos versinken. Vorläufig sieht noch vieles danach aus.

Aber als ich vor mehr als fünfzig Jahren mit meinem Nachdenken über Gott begonnen habe, notierte ich schon damals in meinen handschriftlichen Aufzeichnungen den Satz: »Gott gibt es, weil es gute Menschen gibt.« Das ist kein Glaube an Gott, sondern eine Erkenntnis, dass die guten Menschen unter uns das Fortbestehen dieser Welt ermöglichen.

Jesus Christus sprach von der Liebe Gottes in der Art der Überzeugung, die ein Mensch nur aussprechen kann, wenn er selbst ein vermeintliches Gottnähe-Erlebnis gehabt hat. Jesus hatte vermutlich eine spirituelle, übersinnliche Erfahrung im Zusammenhang mit seinem Fasten in der Wüste, was vielleicht nicht einmal auf freiwilliger Basis geschehen ist.

Menschen mit Nahtoderlebnissen können über vergleichbare Erlebnisse berichten. Manche ins Leben zurückgekehrte Menschen sprechen davon, sie hätten eine gottähnliche Lichtgestalt gesehen, die eine unbeschreibliche Liebe und Güte ausgestrahlt habe. Ich habe selbst auch mit zwei Menschen gesprochen, die sich außerhalb ihres Körpers gesehen hatten. Plotin sprach von Erlebnissen, die er »Aufschwung« nannte, aber von denen er sagte, dass sie mit Worten unmöglich zu beschreiben seien.

An dieser Stelle geht es mir nicht darum, nachzuweisen, dass zwischen Jesus Christus und dem von uns Menschen gedachten Gott eine real existierende Verbindung bestanden habe. Aus meiner Sicht sind die spirituellen Erfahrungen, von denen Menschen berichten können, keine göttlichen Offenbarungen. Göttliche Offenbarungen kann es nicht geben. Stattdessen müsste jede Erkenntnis, die ein Philosoph aus dem Kosmos erhalten kann, als göttliche Offenbarung bezeichnet werden.

Der englische Philosoph John Locke (1632–1704) war wohl der erste moderne Erkenntnistheoretiker. Er prägte den Satz: »Es ist nichts im Verstande, was nicht zuvor in den Sinnen gewesen wäre.« Davon wollen allerdings auch viele berühmte Denker nichts wissen. Sie sind der Ansicht, dass ihre überragende Intelligenz im Stande sei, Erkenntnisse zu produzieren.

Wenn es eine denkbare Verbindung zwischen Mensch und

Gott auf Grund von Offenbarungen geben könnte, wäre diese Verbindung nur für eine von Gott ausgewählte Menschengruppe möglich und hätte keine Gültigkeit für alle Menschen auf der Welt.

Der Mensch darf niemals Gott so denken, dass von Gott jemals eine Handlung oder sogar eine Mitteilung an die Menschheit gesandt worden ist oder durch einen Messias noch gesandt werden wird, wie es die Juden immer noch glauben, weil sich der Mensch dadurch anmaßt, in das Sein Gottes einzugreifen. Der Mensch erlaubt sich im Namen Gottes, einen göttlichen Willen für diese Welt zu deuten und sogar zu bestimmen. Zum Beispiel die Zehn Gebote, die ein Mensch namens Moses von Gott erhalten haben will. Wenn so etwas Gottes Wille sein sollte, bekäme die Menschheit vielleicht hundertzehn Gebote oder Gott würde dem Menschen sein Dasein hier auf der Erde ersparen und sogleich die Seele des Menschen mit seinem spirituellen Geist in die göttliche Galaxis aufnehmen.

Wir Menschen dürfen uns keinen Gott denken, der sich ausgerechnet von dem leider immer noch bestialischen Menschen beweisen lassen möchte.

Die Suche des Menschen nach Gott ist offensichtlich kosmischer Wille. Nicht der Wille Gottes. Gott benötigt keinen Willen. Durch die Suche des Menschen nach Gott soll der Mensch begreifen lernen, das Höhere in sich selbst zu suchen. Die Weiterentwickelung des Menschen hier auf dem Planeten Erde ist kosmischer Wille. Der für unsere Erde zuständige Kosmos ist bei diesen Betrachtungen unser Sonnensystem, kurz der Wille aller Materie. In jedem Atom steckt im Grunde ein Wille, gemeint ist hier der Atomismus als Weltanschauung, also die Quantentheorie, für diese Betrachtung vereinfacht ausgedrückt: die Energie der Bewegung, die in jedem Atom steckt, wodurch es existent, vorhanden ist.

Albert Einstein soll zum Beispiel gesagt haben: »Es sieht immer mehr so aus, als wäre das ganze Universum nichts anderes als ein einziger großer Gedanke.«

Der Pantheismus ist eine religiöse, aber auch philosophische Lehre. Philosophisch dient sie immer noch dazu, über den Weg der Transzendentalphilosophie dem Menschen mit dem Alltagsverstand Gottes Gedanken zu erklären. Aber Gott denkt nicht. Gott ist auch kein Wesen.

Die Pflanzenwelt hat aus sich selbst etwas weit Vollkommeneres gemacht als der Mensch aus sich selbst. Zu lange hat der Mensch in seiner Entwicklung auf die Hilfe Gottes gewartet und gehofft. Er erfand die Sünde für sich selbst und gleichzeitig die Vergebung der Sünde von Gott. Der Mensch wollte ohne Umwege Gott ähnlich werden. Zu diesem Zweck schufen die Menschen die Religionen. Peter Scholl-Latour, ein deutscher Publizist, bereiste den Nahen Osten, war selbst ein Christ und sagte öffentlich im Fernsehen:»Ich glaube nicht mehr, dass der Mensch gut ist.« Das ist so weit auch kein Problem, denn gut war der Mensch noch niemals, am allerwenigsten im fanatischen Glauben an einen Gott.

Ziel und Zweck meines Buches ist es, zu erklären, dass mein Glaube an eine Zukunft des Menschen in dieser Welt nicht Gottes Wille, sondern kosmischer Wille ist. Der Mensch kann noch Mensch werden.

Ich glaube auch an meine Vorstellung, dass es möglich sein kann, dass die Menschen der drei großen Weltreligionen, Judentum, Christentum und Islam, ihren Fanatismus aufgeben und sich auf einen gemeinsamen Gott einigen. Das könnte sogar im Sinne Gottes sein. Denn ohne Zweifel will ein großer Teil der Menschheit an einen Gott für diese Welt glauben.

August Everding, Intendant der Bayerischen Staatsoper und Staatsintendant, sprach, von schwerer Krankheit gezeichnet, die zum Tod führen musste, die Worte im Fernsehen:»Ich glaube an Gott, aber nicht an einen gerechten.« Everding war sich bestimmt ganz sicher, dass er seinen Job auf dieser Erde gut gemacht habe, trotzdem war er unzufrieden mit der kosmischen Entscheidung, diese Welt verlassen zu müssen. Jeder Mensch hat also eine Aufgabe in dieser Welt zu erfüllen. Das ist, logisch gedacht, kosmischer Wille. Die zu erfüllende Aufgabe des Menschen für die Zukunft auf diesem Planeten Erde lässt sich ahnen. Philosophisch betrachtet, muss der Mensch zunächst einmal bereit sein, sich von seinem selbst erdachten Gott zu lösen, um sein wahres »Mensch-werden-Sollen« erkennen zu können und erkennen zu müssen.

Wir Menschen haben keine andere Wahl. Der Kosmos, den wir bei diesem Gedanken auch einmal Gott nennen dürfen, wird uns helfen, aber auch nur dann, wenn wirklich allen Menschen geholfen wird. Um die Probleme, die durch die Flüchtlingsströme zu uns kommen, bewältigen zu können, müssen die Weltreligionen zueinanderfinden. Sollten die großen Weltmächte glauben, das Problem »Gott« ließe sich noch eine Weile aufschieben, wird die Menschheit mit unsäglichem Leid dafür bezahlen müssen. Der »IS« kann nicht mit Gewalt oder mit Bomben zerstört werden, sondern ist nur ideologisch zu besiegen.

Meine Mahnung richtet sich an alle religiösen Führer dieser Welt. Es ist kosmischer Wille, dass wir Menschen unseren selbst erfundenen Gott aufgeben sollen. Hitler ist einen anderen Weg gegangen. Er hat die Vernichtung der Juden öffentlich angekündigt und trotzdem ist fast nahezu das ganze deutsche Volk diesem Despoten gefolgt. Selbst große deutsche Dichter und Denker waren Mitglied der NSDAP. Die Entwicklung der Menschheit ist fortgeschritten. Die Menschen können keine Ethik mehr entwickeln, die es rechtfertigt, einen Teil der Menschheit aus ideologisch-religiösen Gründen auszuschalten. Wenn religiöse Fanatiker in den Besitz der Atombombe gelangen, werden wir sehen, dass diese Welt nicht die Welt des Gottes ist, den wir Menschen uns denken.

Am Ende werden wir teilen lernen müssen. Diese Erkenntnis wird noch sehr hart werden für uns. Die Bereitschaft, Menschen zu ermorden, wenn der Staat oder die Allgemeinheit es so will, steckt immer noch tief im Menschen drin und ist nicht an eine Nation auf dieser Welt gebunden.

Der Mensch kann selbst nicht viel besser sein als sein Gott, den er sich als Mörder denkt.

Es liegt im tiefsten Inneren des Menschen, dass er sich nicht gerne etwas wegnehmen lässt. Dazu gehört natürlich auch der Glaube an seinen Gott. Für diesen Glauben an seinen Gott war der Mensch immer schon bereit zu sterben. Der Grund dafür ist sein doch wohl verhältnismäßig kurzes Leben, deshalb hofft er, und glaubt daran, es im Jenseits verlängern zu können. Der kosmische Entwicklungsprozess auf unserem Planeten Erde zeigt uns Menschen aber deutlich, dass wir nicht mehr im Paradies wie Adam und Eva leben, sondern dass wir Menschen es sind, die diese Welt verändert haben, und nicht Gott. Es ist nicht Gottes Wille, dass der Mensch »Wolkenkratzer« baut.

Jesus Christus hat schon vor zweitausend Jahren erkannt, dass wir Gott in uns selbst finden können. Jesus erfuhr durch ein spirituelles Erlebnis die vollkommene Liebe Gottes, davon war er jedenfalls fest überzeugt. Diese Liebe gibt, ohne selbst etwas zu verlangen. Diese Liebe ist an keine Religion und an keine Bedingungen geknüpft, sie ist wertfrei. Jesus Christus war der Überzeugung, diese Liebe könne nur von Gott selbst kommen. Daraus entwickelte Jesus sein religiöses Denken. Sein spirituelles Erlebnis befähigte ihn spontan dazu, ohne den geringsten Gewissenskonflikt in Bezug auf seinen jüdischen Glauben zu erleiden. Für Jesus Christus war der Messias in seinem Inneren bereits gekommen.

Jesus Christus war allerdings ein Mensch. Diese Tatsache wird selbst von der Wissenschaft nicht in Frage gestellt. Trotzdem war Jesus Christus nicht das leibhaftige Bindeglied zwischen Gott und Mensch. Jesus hatte ein, so nenne ich es, spirituelles Erlebnis, welches von vielen Menschen in ähnlicher Form erfahren haben. Plotin habe ich bereits erwähnt, dazu seien hier noch Rousseau (1712–1778), ein französischer Schriftsteller und Philosoph, und Jakob Böhme (1575–1624), Theosoph und Mystiker, genannt. Da ich vor vielen Jahren selbst ein ähnliches, vergleichbares Erlebnis hatte, kann ich nur sagen, so unbeschreiblich es mit Worten auch ist, der spirituelle Geist steht nicht vor Gott. Es ist nicht die Liebe Gottes, es ist kein grenzenloses Glücksgefühl, es liegt außerhalb des Körperlichen, es ist zeitlos und es ist ganz sicher unzerstörbar.

Jesus Christus hat sich nicht geirrt, er hat Gott gesucht und Gott in sich selbst gefunden. Aber Jesus Christus ging es nicht anders als August Everding oder unzähligen anderen Menschen, die auf diesem Planeten Erde mit dem Tod ringen.

Nochmals, die Kreuzigung Christi war Mord von Menschenhand und nicht Gottes Wille. Jesus Christus hat aus seinem spirituellen Erlebnis mit »Gott« eine religiöse Theorie entwickelt. Schwerpunkt dieser Erkenntnis war, dass Gott niemals ein zürnender, strafender Gott sein könne. Daraus wuchs seine Erkenntnis, dass die Vergebung der Sünden des Menschen nicht von Gott selbst oder durch Gott vorgenommen wird. Das sprengte alle bisherigen Vorstellungen des Menschen von Gott. Jesus Christus als Pantheist wusste, dass Gott niemals etwas erschaffen würde, was später von ihm selbst korrigiert werden müsste. Die Vergebung der Sünden musste also der Mensch selbst vornehmen.

Die Theorie Christi bestand somit darin, dass dem Menschen alle Sünden vergeben sind, sofern er sie als Sünde erkennt und vor Gott sein Versprechen abgibt, diese Sünden niemals zu wiederholen. Kein anderer Mensch, kein Pharisäer könne dem Sünder bei diesem Versprechen behilflich sein. Für Jesus Christus selbst war damit geklärt: Wirklich frei von Sünde ist niemand, zum Beispiel: »Der ohne Sünde ist, der werfe den ersten Stein«, sofern Jesus diesen Satz gesagt hat. Der Mensch kann also nur durch Erkennen seiner Fehler und Vergeben die Liebe Gottes erfahren. Damit war für Jesus Christus geklärt: Ein Mensch darf niemals über einen anderen Menschen richten oder ihn sogar bestrafen. Seine Überzeugung war: Gott straft nicht, dann darf der Mensch es schon erst recht nicht.

An dieser Stelle nochmals der Elementarsatz von Jesus Christus:

»Das Reich Gottes kommt nicht mit äußerlichen Gebärden, man wird auch nicht sagen: Siehe, hier oder da ist es, denn sehet, das Reich Gottes ist inwendig in euch.«

Dieser Satz beinhaltet die gesamte religiöse Philosophie des Denkers und Mystikers Jesus Christus. Das Denken Christi muss aus heutiger Sicht ergänzt werden. Gott ist zwar aus pantheistischer Sicht inwendig im Menschen, sofern der Mensch bereit ist, Gott in sich selbst wahrzunehmen, aber einen real existierenden Zugang zu Gott, allein durch Glauben an Gott, findet der Mensch nicht. Dazu bedürfte es einer Reflexion, einer Rückmeldung von Gott, aber diese Rückmeldung liefert Gott dem Menschen nicht, denn dazu wäre von Gott eine aktive Handlung notwendig. Aber Gott ist kein Wesen. Gott ist für den Menschen weder metaphysisch (jede mögliche Erfahrung überschreitend) noch transzendental begreifbar. Die Berufsphilosophen sind allerdings sehr schnell bereit, etwas im Prinzip Unerklärbares mit ihrem intellektuellen Wortschatz zu liefern. Diese Superintellektuellen sind es auch, die den Ist-Zustand dieser Welt zu verantworten haben. Zum Beispiel: Ich, Plato, bin die Wahrheit, soll heißen, nur die Besten dürfen das Regelwerk für die Welt der Menschen entwickeln.

Philosophisch betrachtet, kommt die bedingungslose Liebe, die Jesus Christus erfahren hat, nicht wirklich von Gott selbst, denn dazu wäre ein Geben der Liebe von Gott erforderlich.

Gott ist aber kein direkter Ansprechpartner für den Menschen. Der Mensch kann andere Menschen lieben, der Mensch kann sich selbst und anderen Menschen vergeben. Für Jesus Christus war es durch sein Erlebnis, Gott nähergekommen zu sein, nahezu logisch, die Bücher Mose und die Zehn Gebote als geschriebenes Menschenwerk zu betrachten. Es lagen Welten zwischen dem ihm anerzogenen jüdischen Glauben, in dem Christus ganz sicherlich aufgewachsen war, und seinen überwältigenden Erkenntnissen, die er schon in seinem jungen Leben hinzugewann. Grundsätzlich sind Menschen, die neue Erkenntnisse gewonnen haben, in der Regel nicht nur bereit, für diese Sache zu streiten, sondern auch bereit, dafür zu sterben. Giordano Bruno (1548–1600), ein katholischer Priester und Philosoph, ist eines der bedeutendsten Beispiele dafür, dass Menschen von ihren Grundsätzen nicht abweichen. Er wurde von der katholischen Inquisition als Ketzer auf dem Scheiterhaufen verbrannt. Der Prozess zog sich, so unverständlich es einem Außenstehenden auch erscheinen mag, insgesamt über neun Jahre hin. Er hätte ähnlich wie Galilei zu Gunsten seines Verstandes einlenken können, aber diese Menschen, wie Sokrates oder Jesus Christus, können sich selbst nicht verleugnen, sie können ihr Leben nicht fortführen.

Grundsätzlich ist der Wille Gottes ein Denkfehler des Menschen. Nach menschlichem Sinnverständnis ist ein Wille an einen zeitlichen Ablauf gebunden, denn ein Wille kann nur dann vorhanden sein, wenn etwas, was gewollt wird, noch nicht eingetreten ist. Das trifft aber für Gott nicht zu, denn die göttliche Omnipotenz geht über alle menschlichen Vorstellungen von Zeit hinaus.

Das Gleiche gilt für eine göttliche Offenbarung, die einem Menschen zuteil geworden sein soll. Diese wäre ja ebenfalls an einen Willen Gottes gebunden, den es aber nicht geben kann. Gott hat keinen Willen! Das ist ein Axiom, also ein als absolut richtig anerkannter Grundsatz, eine gültige Wahrheit, die keines Beweises bedarf.

Anschläge in Frankreich

Philosophische Betrachtungen

Gott ist nicht in Sichtweite, nicht in Frankreich, nicht in einem anderen Land, nicht auf dieser Welt. Der Mensch hat sich hingegen schon immer als ein Produkt eines von ihm gedachten Gottes betrachtet.

Die weibliche Mutter Erde musste alles, was sie in sich selbst hatte, und auch das, was von außen noch zu ihr hinzukommen sollte, durch die Einwirkung der Sonnenstrahlen wachsen und werden lassen. Sie musste Lavamassen aus sich herauspressen, Kontinente verschieben und neu ordnen. Sie musste alle Lebewesen, die gesamte Tierwelt aus ihrem Inneren heraus entstehen lassen.

Einzig und allein der Mensch, so glaubt er von sich selbst, sei aus einer von Gottvater auf die Erde abgespritzten Substanz entstanden. Seitdem sucht der Mensch, wie ein nicht gewolltes Kind, nach einem Vater. Sie nannten ihn fortan Gottvater. Die Menschen beteten zu Gottvater und baten ihn um ihr tägliches Brot. Sie bekamen ihr Brot und liebten ihren Gottvater dafür. Aber der Mensch, wie er nun einmal ist, wünschte von Gott mehr Sachleistungen auf Erden und weitere Garantien für einen Platz im Himmel. Als Gegenleistung boten sie ihm dann ihren festen Glauben an ihn auf ewig an und ein Versprechen, keinen anderen Gott neben ihm anzubeten. Von Gottvater gab es keine nennenswerten Einwände und der Mensch war sich sicher, einen guten Vertrag mit Gottvater abgeschlossen zu haben, der von keinem Menschen auf der Welt angezweifelt werden durfte. Das ganze Geschäft wurde dann in einem Regelwerk zusammengefasst, das unter der Bezeichnung »Bibel« herausgegeben wurde.

Der Mensch schafft sich bildhafte Vorstellungen. Viele bildhafte Vorstellungen entstammten dem Himmelsgewölbe bei Tag und dem Sternenhimmel bei Nacht. Die Naturgewalten bestätigten dem Menschen: Die höhere Macht kann nur ein menschenähnliches männliches Wesen sein mit unglaublicher Energie und Macht. Diese Betrachtungen zielen darauf ab, dem Menschen seine Unwissenheit vor Augen zu führen. Auch wenn es nahezu unmöglich erscheint, dem religiös gläubigen Menschen auf naturwissenschaftlichem Weg von seinem Glauben an einen real existierenden mächtigen Gott abraten zu wollen oder ihm sogar auf logischem Weg den Beweis zu liefern, dass es keine unsichtbare Macht gibt, die auf unsere Welt einwirkt und somit den Ist-Zustand dieser Welt zu verantworten hätte, verändert sich das Denken der Menschen doch, wenn auch nur in kleinen Schritten.

Der römisch-katholisch gläubige Christ zum Beispiel kann sich nicht mehr, jedenfalls nicht auf breiter Ebene, eine Bestrafung von Häretikern oder Ketzern durch den Feuertod noch in der heutigen Zeit vorstellen. Soll heißen, der religiös gläubige Mensch denkt sich keinen zürnenden Gott, der in erster Linie auf die Bestrafung Ungläubiger aus ist. Besonders die Bestrafung durch die Hand eines anderen Menschen, wie sie im Islam auch heute noch praktiziert wird, ist hier in Europa kaum noch denkbar.

Das alles soll nicht als eine anthropologische oder soziologische Abhandlung verstanden werden, sondern es ist die Betrachtung unserer Gesellschaft aus der Sicht des Menschen mit dem Alltagsverstand. Damit ist der Glaube an einen Gott im Jenseits aus den Köpfen der Menschen noch nicht verbannt.

Fragmente

Religionsgemeinschaften dürfen keinen Willen Gottes interpretieren. Gott denkt nicht wie ein Mensch und Gott will nicht wie ein Mensch.

Den Willen Gottes zu wissen ist ein gedanklicher Kurzschluss des Menschen. Ein Gott, der noch etwas will, kann der Logik entsprechend kein Gott sein. Aber das Volk will Sinn und Segen, dann wird das, was Gott will, vom Menschen festgelegt.

Religiöse Fanatiker wollen nur ihre Vorstellung von Gott in die reale Welt transportieren.

Ehrlichkeit ist etwas, was allein vom Menschen geliefert werden kann.

Die Zukunft der Menschheit liegt zwangsläufig in der Fähigkeit des Menschen, auch ehrlich sein zu können. Beispiel einer Frage: War der Mensch wirklich auf dem Mond?

Die katholische Kirche muss Rechenschaft ablegen über jeden Menschen, den sie gemeinsam mit der Justiz auf dem Scheiterhaufen verbrannt hat.

Die Ethik in der Menschheitsgeschichte stößt auf völlig neue Dimensionen.

Es gibt keinen anderen Ausweg als eine optimierte Geburtenregelung.

Aus ethischer Sicht sind Kriege in der Welt nicht vertretbar.

Ich hasse Leichen, die überall herumliegen und weggeschafft werden müssen.

Jedes Atom ist ein egomanisches Wesen. Die Sonne hat das größte Ego.

Gedanken sind Energien wie Strom und kämpfen gegeneinander. Aber Gott denkt nicht, weil Gott nicht aus Energie besteht, dann hätte Gott ja irgendwann ein Ende.

Mit der Schusswaffe in der Hand hat das Ego das ideale Werkzeug, aber die Seele schießt nicht, weil es keinen Sinn macht, denn sie kann nicht sterben.

Die Menschen können nicht über ihren Schatten springen, wobei der Schatten ihre bisher eingefahrene Gedankenwelt ist. Sie haben Angst vor der Unendlichkeit, in die sie stürzen werden.

Die Gedankenrealität ist die Summe aller gedachten Gedanken. Gedanken, die dem Menschen Sicherheit bieten für sein Hier und Jetzt und Sicherheit für die Zukunft.

Die Gedankenrealität ist die gesamte bestimmende Basis, die den Menschen ausmacht.

An Demenz erkrankte Menschen sind nicht mehr in der Lage, das Selbstbestimmende wahrzunehmen. Sie verlieren die Reflexion zu der Gesellschaft und ihrer Umwelt.

Der Staat muss die Bildung für seine Bürger übernehmen und nicht die Konfessionen und Religionen.

Es ist nicht die Menschheit selbst, die sich abschafft, es sind die falschen Propheten, der falsche Götterglaube, der die Menschheit bedroht.

Offenbarungen von etwas, was der Mensch nicht erklären kann, kann es nicht geben.

Das Volk will Sinn und Segen und ist bereit, auch das Ungeheuerlichste zu vergessen. Die Verbrennung tausender Häretiker auf dem Scheiterhaufen. Urbi et orbi, das Gleiche, als wenn Adolf Hitler dem jüdischen Volk den Segen erteilen würde.

Für jeden Menschen ist das Leben, zumindest vorläufig, das erste. Damit hat der Mensch die Aufgabe, die grundlegendsten Probleme, die durch seine Existenz auf der Erde entstehen, zu lösen. Er muss die Verantwortung für die von ihm gezeugten Menschen übernehmen. Der Mensch begann schon sehr früh damit, sich einen Gott zu denken, bei dem er sich Vorteile erwirtschaften konnte.

Das Leben ist eine Vorbereitung für das Sein der Seele nach dem Tod. Da die Seele unsterblich ist, kann sie nur gut sein. Eine ewige Verdammnis der Seele kann es nicht geben.

Das Ego und der mentale Geist des Menschen überhören oft die Signale der Seele und begehen zum Teil schwerste Grausamkeiten. Vergebung von Gott kann es nicht geben, nur der Mensch kann sich selbst vergeben, wenn er einen Ausgleich schafft und Gutes tut.

Die Religionen bieten für die Gegenleistung »Glauben«, eine Quasigarantie für das erhoffte Seelenheil.

Religiöse Mythen, die sich manifestiert haben, werden von den Gläubigen über Jahrtausende hinweg nicht auf ihren Wahrheitsgehalt überprüft. Die Behauptung, dass Jesus Christus der real existierende, Fleisch gewordene Sohn Gottes sei und für uns Menschen den Sühnetod gestorben sei, kann man nur schlichtweg als von Menschen formulierten Unsinn bezeichnen.

Jesus Christus hatte ein Anliegen, welches er der Welt mitteilen wollte. Er hatte in seinem kurzen Leben eine fundamentale Erkenntnis gewonnen. Die Erkenntnis, dass die Vergebung der Sünden nicht von Gott geschehen kann, sondern dass nur der Mensch sich selbst die Sünden vergeben muss, und zwar in der Form, dass er seine Sünden erkennt, sie bereut und sie nie wieder aufs Neue begeht. Nur so könne sich aus Christi Sicht die Welt zum Besseren verändern.

Der »Ist-Zustand« dieser Welt basiert nicht zuletzt darauf, dass Jesus Christus von Beginn an völlig missverstanden worden ist.

Die Menschenmassen feiern und brüllen zu ihrem Despoten. Das war auch bei Hitler so. Welcher Historiker kann uns jetzt im Nachhinein den Zeitpunkt nennen, ab wann Hitler noch zu stoppen gewesen wäre? Die Erklärung liegt darin, dass die Masse dem Despoten zutraut, dass er die Verantwortung übernimmt, die Drecksarbeit erledigt, um Andersdenkende aus dem Weg zu räumen. Die Brüller sind die, die glauben, von ihrem Tyrannen zu profitieren, aber selbst verschont bleiben. Das System funktioniert überall in der Welt, bei allen Tyrannen in ähnlicher Form.

Der Mensch schafft Götter, Könige und Kardinäle, in Wahrheit gibt es sie nicht.

Der Mensch ist eine Tragödie der Natur. Schlau ist der Mensch nicht.

Der Fortschritt schafft die Menschheit ab.

Die menschliche Intelligenz hat uns in die Irre geführt. Die Wissenschaft bestätigt uns, dass die vollständige Zerstörung der Welt durch Atomsprengköpfe nicht mehr aufzuhalten ist.

Bleibt die Frage: Hätte diese Welt für uns Menschen für einen längeren Zeitraum noch Sinn?

Es ist unmöglich, irgendein Geschehen auf dieser Welt als Willen Gottes zu bezeichnen.

Die Apologetik der intellektuellen theologischen Elite erniedrigt Gott zur Materie.

In dem Bewusstsein, Gott im Rücken zu haben, lässt sich fast jede Schweinerei durchziehen.

Der Wille Gottes ist ein Paradox, wenn Gott, als Omnipotenz gedacht, noch über einen Willen verfügen müsste. Die Apologetik hat auch den »IS« zu verantworten.

Gott denkt nicht, Gott liebt nicht, denn dann würde Gott wünschen, wiedergeliebt zu werden. Gott hat aber keine Wünsche.

Du kannst deinen besten Freund beleidigen, aber nicht Gott.

Jede Erkenntnis hat nur so lange einen Wert, bis sie durch eine neue ersetzt wird.

Strafe, das Bedürfnis des Geschädigten nach Vergeltung.

Es gab Christen, bevor Jesus gekreuzigt wurde, da gab es noch keine Erlösertheorie.

Wozu brauchen Götter Gläubige?

Die Menschen benötigen die Religionen, um sich gegenseitig umzubringen.

Ein Verbrechen findet erst dann statt, wenn der Mensch es als solches erkennt.

Der Fall »Christus« muss vor Gott neu verhandelt werden.

Nächstenliebe, die funktioniert, ist reiner Egoismus.

Christus wollte vor 2000 Jahren dem Spuk ein Ende bereiten, dass nur eine kleine Menschengruppe, die Juden, von Gott auserwählt worden sei.

Glaubensgrundsatz Nr. 1: Alles, was unmenschlich ist, ist falsch.

Was der Mensch auch immer auf der Erde tun wird, auch wenn er sie zerstört, Gott wird nicht eingreifen.

Der Mensch lebt, um zu erkennen. Christus erkannte das »Höhere« im Menschen.

Wir Menschen ertragen die Welt, weil wir nichts von einer besseren wissen.

Christus hat alles, was Gott dem Menschen zu bieten hat, in sich selbst gefunden.

Ungläubige bauen Kathedralen und Moscheen.

Die Seele würde nicht ihren Körper verlieren, wenn sie noch Verwendung für ihn hätte.

Man muss herausfinden, warum Religionen einen solchen Zuspruch finden.

Egal, wie viel Gott die Menschen haben wollen, es gibt ihn nicht.

Es gibt keine heiligen Menschen.

Prosa, prosaisch

Religionen aller Welt,
vereinigt euch,
die Aufklärung kommt.
Denke, aber denke nicht nach
über den Menschen.
Denke,
aber spreche nicht über das,
was du denkst.
Sokrates
hat gedacht und viel gesprochen,
er musste sterben.
Christus hat über Gott
im Menschen gesprochen
und wurde gekreuzigt,
von Gott, seinem Vater.
Von Gott haben wir die Vernunft,
also gibt es Gott nicht.
Bete, glaube und denke nicht.
Gott schuf zuerst den Affen,
dann den Menschen nach seinem Ebenbild.
Gott hatte eine Frau,
sie bekam einen Sohn,
aber Gott ließ ihn kreuzigen.
Homo, denke nicht.
Der Mensch weiß, was Gott will.
Der Glaube an Gott kommt nicht von Gott.
Gott denkt nicht.
Nach Christus wurde der Mensch, wie Gott ihn sich dachte,
er ließ foltern und Hexen verbrennen.
Es ist ein Mensch,

der einem anderen
den Kopf abschlägt.
Der Mensch glaubt an den Gott,
der ihm ähnlich ist.
Menschen richten im Namen Gottes.

Aphorismen

*Das Gefährliche am Fliegen ist der Weg zum Flugplatz,
wird schon einmal so gesagt.*

*Gefährlich sind die Leute im Luftraum,
die sich ihren Mut zum Fliegen beweisen müssen.*

Der Mensch ist für den Luftraum nicht unbedingt geschaffen.

*Steht der Mensch mit sich selbst und dem Luftraum in einem
Konflikt, so ist dieser nicht allein durch Übung
und Gewöhnung zu lösen.*

*Vielleicht hat er sich auch redlich um Mut zum Fliegen be-
müht, so musste er irgendwann feststellen, dass er keinen hat.*

*Wenn der Pilot dann sein Flugzeug mit zweihundert Passagie-
ren an Bord gegen einen Berg fliegt, will er damit endlich sein
unaufhörlich mahnendes Ego zum Schweigen bringen, das ihm
vorhält: Du kannst es nicht, du bringst es nicht, du schaffst es
nicht, deine Angst zu überwinden.*

*Flieger sind keine Helden, und sie dürfen nicht fliegen,
wenn sie Angst haben.*

*Genau das hält er seinen Passagieren vor:
Ihr verlangt von mir, keine Angst zu haben.*

*Flieger dürfen in der Luft nicht denken.
Darum wird unter Fliegern auch gesagt, Fliegen mache dumm.*

*Ich habe nur Angst im Flugzeug,
wenn ich nicht selbst am Steuerknüppel sitze.
Ob diese Angst denn wohl berechtigt ist?*

*Was ist eine Erkenntnis?
Eben die, dass man sich zu einer Erkenntnis
nicht zwingen kann.*

Unter den Fliegen ist jede andere Fliege ein Mensch.

*Hätte das Leben einen Sinn, müsste der Mensch mindestens
noch einen zweiten Versuch haben.*

Der Mensch braucht Gott, aber nur den, den er sich denkt.

*Der Mensch schlachtet.
Der Mensch liebt Gott und frisst Tiere.*

*Schlägt ein Mensch einem anderen den Kopf ab,
sollte er ihn wenigstens auch essen,
am besten roh.*

*Die Bibel,
das erste Horrortestament des Menschen?*

*Wer ist Gott?
Der, der den Menschen erschaffen hat.*

Ehrlich ist der Dumme.

Die Homo-Ehe,
vielleicht das Beste für die Zukunft der Menschheit.

Der Mensch hat kein Ziel,
darum glaubt er an Gott,
einen Gott, der zu ihm passt,
einen Mörder, der seinen Sohn kreuzigen lässt.

Der Kosmos denkt nicht,
er handelt,
nicht im Auftrag von Gott,
Gott hat kein Ziel, Gott ist.

Der Kosmos wollte das Sonnensystem,
den Planeten Erde,
die Saurier und den Menschen.

Der Fliege den Weg aus der Flasche zeigen,
heißt, auf uns Menschen bezogen,
uns den Weg am Tod vorbei zeigen.

Diesen riskanten Versuch unternehmen die Religionen,
sie erheben alle den Anspruch, uns den einzig möglichen Weg
gezeigt zu haben.

Der Erzengel Gabriel,
der erste Whistleblower,
der Gottes Geheimnisse an die Menschheit verraten hat.

Das Weib passt nur in einer Sache zum Mann.

Will ich eine Frau?
Wenn ja, wie viele?

Im Zeitalter der Homo-Ehe
heißt es nicht mehr: Bauer sucht Frau,
sondern: Bauer sucht Knecht.

Wie kommt die Jungfrau zum Kind?

Soll eigentlich heißen,
sie hat das Kleingedruckte nicht gelesen.

Die Frau, das Weib,
kann das Lippenbekenntnis eines Mannes
an der richtigen Stelle
durchaus zu schätzen wissen. Allerdings ist,
wie bei vielen Dingen im Leben eines Mannes,
die Könnerstufe von entscheidender Bedeutung.

Descartes
wusste sehr wohl: Wenn der Mensch denkt,
denkt er an Sex. So hätte er auch sagen können,
ich habe einen drin, also bin ich.

Frauen sind nie mit nur etwas zufrieden.

Die Frau versucht es erst einmal mit dem, was sie hat.

Die Augen der Frau lassen dich sehen,
was du sehen willst.

Es ist wie bei Picasso,
entweder du bringst die Frauen in den Wahnsinn,
so dass sie sich umbringen, oder du wirst ihr Sklave.

Schiller und Goethe liebten Frauen,
Einstein und Hawking das Universum.

Richard von Weizsäcker hätte sagen sollen:
Seit ich bin, kann Hitler nicht mehr sein.
Einen Menschen darf man nicht richten lassen.

Hass ist nur durch noch mehr Hass zu befriedigen.

Demut heißt: Verzicht auf Zorn.

Jesus Christus würde heute sagen:
Menschen dürfen nie wieder einen anderen Menschen foltern
oder sogar kreuzigen.

Es geht nicht darum, inwieweit man am Partner partizipiert,
sondern es geht darum, dass man dem Partner sein Leben er-
möglicht.

Jesuiten: Intellektuelle Trickbetrüger.

Bertolt Brecht meinte: Für diese Welt ist der Mensch nicht
schlau genug.
Nicht auszudenken, er wäre es.

Der Kosmos zwingt den Menschen, an sich selbst zu glauben.
Er hat keine andere Wahl.

Sie haben eigentlich nichts zu bieten,
außer alles,
und das ist ihre Weiblichkeit.

Das Universum,
ein sich selbst schaffendes
und auch ein sich selbst zerstörendes System.

Dazu gehört auch der Mensch.

Der Mensch dachte sich schlau,
dann wurde er immer dümmer.

Will der Mensch keinen Krieg mehr,
dann muss er seine Fortpflanzung für eine Zeit lang einstellen.

Wer fängt an?

Kinder kommen da heraus,
wo sie hineingekommen sind.

Gott gibt dem Menschen keine neue Welt.
In Nullkommanix würde sie genauso aussehen wie diese.
Da muss der Mensch sich schon einen Gott denken,
der genauso doof ist wie er selbst.

Töten ist schwerer als sterben.
Vom Töten bekommt der Mensch Albträume.
Sterben muss er sowieso.

Ist der Mann einer Frau gegenüber schüchtern,
dann schämt er sich für das, was er wirklich von ihr will.

Die Richter richten über den Menschen
so, wie er sein soll, nicht, wie er in Wahrheit ist.

Das Höchste für den Menschen ist Gott.
Dabei vergisst der Mensch, dass er es selbst ist,
der das Höchste auf seine Ebene herunterzieht.

Frei ist der Mensch in der Beurteilung anderer Leute.

Der Glaube an Gott kommt nicht von Gott.

Die Menschheit kann nicht Gottes Wille sein.

Über Lichtgeschwindigkeit
Ob die Wissenschaftler daran denken, dass das Licht in alle
Richtungen geht, also sich auch von uns entfernt, wenn wir ein
längst erloschenes Sonnensystem betrachten.

Gott tötet nicht.

Volkstrauertag,
Erntedankfest der Rüstungsindustrie.

Die Frauen glauben:
Ein Mann kann mein Leben ändern.

Wahrheit kann man nicht studieren.

Gerechtigkeit gibt es dann, wenn ein Mensch bereit ist, sein
Recht zu verschenken.

Wirtschaft funktioniert dann,
wenn jemand bereit ist, zu teuer zu bezahlen.

Jesus würde heute auch Motorrad fahren
und die Fallensteller hätten ihn längst geblitzt,
ohne Helm, unterwegs zum MOGO,
sein Bild überall in den Zeitungen,
trotz Fahrverbot, mehr Werbung geht nicht für die Kirche.

Gott schuf den Menschen nach seinem Ebenbild.
Das stimmt aber nicht. Er erschuf erst den Affen,
daraus entwickelte sich der Mensch.
Aber wo gibt es denn Affen,
die sich gegenseitig ans Kreuz nageln?

Glauben ist keine Leistung an sich. Wenn der Mensch seinen
Verstand nicht nutzen sollte, hätte er auch keinen.

Egal, was der Mensch glaubt, er wird es für richtig halten.

Das ist keine fröhliche Wissenschaft,
die Kernenergie nutzen, aber nicht wissen,
wohin mit dem Atommüll.

Die Erde ist vielleicht ein Kind der Sonne,
noch liebt die Sonne die Erde.

Was ist Telefonsex?
Wenn man am Telefon über Sex redet,
den man zu Hause noch nicht gewagt hat zu machen.
Und Telefonsex bei alten Ehepaaren?
Antwort: Wenn die Frau beim Sex telefoniert.

Nicht vergessen,
Gott ist der Urknall.

Paulus,
der Autor und Verleger des Christentums.

Von Kultur spricht man,
wenn die Menschen es nicht besser wissen.

Nach dem Verschwinden des Menschen
aus dem Sonnensystem,
muss der Kosmos die Frage beantworten:
Hat sich die Sache mit dem Menschen auf der Erde gelohnt?

Tilmann Riemenschneider,
er machte Gott fassbar, begreifbar,
interpretierbar.
Seine Kunst machte es dem Menschen möglich,
Gott zu verherrlichen.
Was wollte Gott mehr?

20.04.2005 Zu Ratzinger.
Er ist Lokomotivführer geworden.
Ein Kindheitstraum ist in Erfüllung gegangen.
Auch das ist möglich.
Er hat sich diesen Posten verdient.
Verdient durch ehrlichen Glauben.
Wir wählen ihn, haben sie gesagt.
Er ist vielleicht der Letzte unter uns, der noch wirklich glaubt.
Wer unter uns glaubt schon besser?
Auch ein Zeichen innerhalb der Kardinalsriege,
schlafe Christus, die Masse schläft mit,
doch irgendwann müssen wir aus unserem Traum erwachen.
Aber heute können wir noch einmal die warme Decke über
unseren Kopf ziehen.
Was sollen wir tun? Wer will es der Masse sagen? Ein neuer

Jesus, da muss der Druck noch größer werden. Da soll er aber
nicht seine Tochter schicken, oder?
Dass ausgerechnet der Oberinquisitor später bei Gott in den
Sack hauen sollte, ist vielleicht aus heutiger Sicht ein Zeichen
für einen zukünftigen Wandel in der katholischen Kirche.

Am Ettaler Manndl bin ich geflogen
und über das Kloster, die Säulen der Erde von oben.
Überall ist Gottes Haus, diese heiligen Hallen
sind mit Gott sichtbar vereint.
Hier ist alles ohne Sünde und so viel Gott, dass man sich auch
eine Menge Teuflisches leisten kann.
Wer hier als Klosterschüler psychisch
nicht zugrunde geht, kann Papst werden.
Gott hat den Peinigern schon im Voraus vergeben,
jetzt ist dem Schüler nichts mehr fremd,
jetzt kann er Priester werden
und den Gläubigen die Beichte abnehmen.
Den Seinen nimmt's der Herr im Schlaf.

Frauen sind manchmal so vollkommen unbekümmert erotisch,
mit kindlichem Stolz zeigen sie, was sie haben.

Es gibt Leute, die über mehr Sprache verfügen als Geist.

Richter sind die, die den Anspruch des Volkes
auf Vergeltung befriedigen.

Der Widder hat kein Verständnis
für Technik, die nicht funktioniert.

Verlass dich nicht auf einen Menschen (Arzt),
er kann von dir fast alles gebrauchen.

Das Leben vor dem Tod ist dem Menschen wichtig,
obwohl er oft nicht weiß, wozu er es hat.

Auf dem Oktoberfest werden Männer mit wenig Verstand beim
Anblick üppiger Weiblichkeit durchaus scharfsinnig.

Frauen können mehr Sex ausüben als Männer,
jedenfalls ohne Verschleißerscheinungen.

Künstler benötigen kreative Pausen,
die meistens mit weniger kreativem Sex gefüllt werden.

Verachte deinen Nächsten wie dich selbst.

Glaube an Gott, aber nicht an Menschen,
die behaupten, mit ihm gesprochen zu haben.

Oftmals erwarten wir Charakter von einem Menschen, der
keinen hat.

Die Tafel.
Der Mensch möchte natürlich gern die Tiere, die er füttert,
auch fressen sehen.

Es gibt Menschen, die verzichten auf das Abenteuer,
selbst zu denken.

Die Morgenröte wird im Alter immer mehr zur Wasserflöte.

Willst du alt werden, dann bete und arbeite nicht.

Karneval,
Zeit für ein Fest der Reichen und nicht mehr ganz so Schönen.

Die Prostitution ums Geld hat frei,
kein guter, aber schneller Sex,
um für ein paar Tage die Welt zu vergessen,
und für die Jugend Sex zum Üben.

Kinder werden oft mit Antworten
auf ungestellte Fragen überfüllt.

Der Weg zur Erkenntnis unterliegt keiner Systematik.
Lernen wir denn nur aus Fehlern?

Hitler war Arminius im Dummformat,
aber keiner hat es gemerkt.

Unsere Gedanken sind Gedankenwege,
die schon andere gegangen sind.
Die Frage an den Teufel:
Bist du wirklich Gottes Gegner?
Und warum wirst du von Gott geduldet?
Hast du gleiche Macht wie Gottes?
Dann bist du sowohl Teufel als auch Gott.

Es ist durchaus möglich,
dass der Kosmos mit dem Menschen eine gute Absicht hatte.

Der Kampf hört auch dann nicht auf,
wenn das Grauen auch den Gegner erfasst.

Wenn du mit der Natur leben willst,
musst du so werden, wie sie ist, grausam.

Gebe dem Menschen eine Maske und er sagt dir die Wahrheit.

Über die Macht der Frauen,
nur sie könnten das Drama hier auf der Erde beenden.

Wie ist das denn nun mit dem Ruhm? Hat man ihn verdient
oder bekommt man ihn geschenkt von der Masse, die sich selbst
nach Ruhm sehnt? So nimmt man ihn, auch wenn man ihn
nicht verdient hat. Oder kann man auch auf ihn verzichten?

Edel, so glauben wir, könne ein Mensch sein, obwohl wir
wissen, dass Atome ihre Aufgabe verrichten, ohne den An-
spruch zu erheben, edel, gut oder in weiser Voraussicht richtig
zu handeln.

Den Schwachen macht ein Mord für eine Zeit lang stark.

Was ist überhaupt mit Menschen,
die sich selbst keine Frage stellen?

Sobald das Bessere fertig ist, ist jede weitere Arbeit daran sinn-
los, trotzdem halten die Menschen fest am guten Alten.

In der Stummfilmzeit fanden die Menschen
»Dick und Doof« zum Totlachen komisch.

Ein Indianer verstand weder die Komik,
noch konnte er darüber lachen.

Wann verzichtet die Menschheit auf Folter?

Die Macht der Staaten ist so groß,
wie Grausamkeit zur Verfügung steht.

Wird der Fortschritt noch brutaler?

Einsamkeit,
wie Menschen, die, zu viel erlebt,
niemand hatten, mit dem sie teilen konnten.

Neid, eine Form der sozialen Anerkennung.

Dogmatismus ist immer eine veraltete Version
der Lebensvorstellung.

Der neue Gedanke lässt sich nicht mehr ungedacht machen,
da hilft nur eines, ihn schnell vergessen und warten, bis ein
anderer ihn aufschnappt.

Sex ist eine Mahlzeit für eine romantische Seele,
die Gefahr, sich zu verlieben, nimmt sie in Kauf.

Kunst ist Nichtstun mit Ablenkung.

Philosophie
ist die Erkenntnis über das Wissen,
dass man nicht weiß, wie es weitergeht.

Die Frage ist nur, ab wann wir unser Programm
nicht mehr ändern können.

Kultur,
der Sinn des Lebens für die, die nicht nachdenken wollen.

Berühmt ist der, der zu sein scheint, was andere sein möchten.

Wenn der Mann kann,
er weiß aber nie sicher:
Kann sie oder kann sie in Wahrheit nicht?

Die glücklichsten Menschen machen sich nichts vor.

Die Arbeitnehmer sind nicht die Sklaven der Wirtschaft,
die Zeitarbeitsfirmen sind die modernen Sklavenhändler.

Hunger bricht alle ethischen Gesetze.

Wir sollten nicht versuchen, die Dummheit
aus der Welt zu verbannen.
Jeder sollte noch feststellen können,
ob er nicht am Ende selbst dazugehört.

Erst wenn man weiß, dass man es doch nicht weiß,
erscheint einem das, was andere mehr wissen,
dann doch nicht mehr so viel mehr.

Die 68er,
als die Luft noch rein war und der Sex schmutzig,
wird so gesagt,
aber beides stimmte ganz und gar nicht.

Güte heißt
Verzicht auf Vergeltung.

Freundschaft entsteht von Anfang an
durch eine falsche Beurteilung unseres Selbst.

Es gibt Menschen, die schießen auch ihrem ärgsten Feind
nicht in den Rücken.
Dann gibt es Menschen, die schießen nur in den Rücken.

*Hast du deine geistigen Schranken durchbrochen,
kommt doch sicher der Tag, dann wünschest du sie dir wieder
zurück.*

Es gibt Dinge, die muss man von Frau zu Frau wissen.

*Olympia,
im Angesicht der Tränen,
die Seele ist so überwältigt, weil der Mensch mehr erreicht hat,
als das ewig nörgelnde Ego vorher prophezeit hat.*

*Wut ist die Nichtbereitschaft,
gerade in diesem Augenblick zu lernen.*

Wir warten immer noch auf die Tochter Gottes.

Metanoia

Die Metanoia des Paulus.

Rückblick auf die griechische Philosophenschule in Elea (Unteritalien).

Ihr Gründer war Xenophanes von Kolophon (6./5. Jahrhundert v. Chr.).

Die Philosophen wurden die Eleaten genannt und waren die Gründer des Monotheismus.

Diese Denker dachten von nun an nur noch einen Gott für diese Welt.

Das hatte Folgen, denn die genialen und logischen Gedanken des Xenophanes beeindrucken auch heute noch die geistige Welt der Denker und Intellektuellen.

In Bezug auf Paulus muss diese Vorgeschichte erwähnt werden, weil nicht nur Paulus, sondern im Prinzip jeder Mensch keinen Bezug zu diesem neu gedachten Gott herstellen konnte, der nicht philosophisch geschult war.

Paulus, geboren um etwa 10 n. Chr., war Jude, er hatte aber auch eine römische Staatsangehörigkeit und er war Zeltmacher von Beruf. Die römischen Legionen brauchten Zelte.

Paulus war Realist und die pantheistische Christussekte fand bei ihm keine Zustimmung. Im Gegenteil, die Römer beauftragten ihn mit der Verfolgung der Christen. Es ist überliefert, dass Paulus die Steinigung des später so genannten heiligen Stephanus beaufsichtigt hat. Er hatte also die Aufgabe, den Tod des Gesteinigten festzustellen. Bei der Verfolgung der Christen wurden ebenfalls keine Gefangenen gemacht. Es konnte also passieren, dass sich beim Menschen das Gewissen meldete. Paulus hatte um 32 das sogenannte Damaskus-Erlebnis, eine visionäre Erscheinung. Diese Erscheinung kann allerdings auch eine real existierende Erscheinung gewesen sein. Es gibt, wenn auch nicht sehr häufig, Wetterlagen mit einer sehr hoch reichenden diesigen Wolkenschicht, die aus Eiskristallen besteht, in der sich eine zweite Sonne spiegelt. Diese Sonne hat nur einen geringen, aber deutlichen Abstand zur realen Sonne. Beide Sonnen sieht der Mensch als absolut gleich groß und gleich hell. Den real existierenden Entfernungsunterschied kann das menschliche Auge nicht wahrnehmen. Das Naturphänomen konnte zu damaliger Zeit den Menschen vielleicht mehr als erschrecken. Es war eindeutig ein Zeichen am Himmel, das auch von allen Anwesenden bestätigt werden konnte. Die Erklärung für dieses Phänomen wurde von Paulus hinreichend bekannt interpretiert.

Paulus

Fortsetzung zur Metanoia

Paulus war also der festen Überzeugung, ein Zeichen von Gott am Himmel gesehen zu haben. Seine Beziehung zu Gott war keineswegs gefestigt, denn sein Gewissen plagte ihn schrecklich.

Die vielen Christen, die er bereits schon hatte töten lassen, passten zwar nicht in das Weltbild des römischen Zeitgeistes, waren aber allesamt Gutmenschen wie Jesus Christus, von dem er allerdings auch schon gehört hatte. Gutmenschen ermordet man nicht ohne Grund.

Spontan brachte Paulus das Zeichen am Himmel in einen Zusammenhang mit seinem schlechten Gewissen. Das war für ihn der absolute und unumstößliche Hinweis von Gott, die Aufforderung von Gott zur Umkehr, zu einem neuen, anderen Leben. Das war die Metanoia, das Umdenken seines ganzen Weltbildes von diesem Augenblick an. Die denkbar kürzeste Fassung lautet: Paulus wurde Christ.

Die Christen hatten sich um 32 n. Chr. schon so weit organisiert, dass die Sekte bereits über ein gewisses ideologisches Regelwerk verfügte, mit der alles entscheidenden Maßgabe, dass jedem Menschen, der Reue und Buße übt, Vergebung von Gott widerfährt. Die bösen Taten und Sünden sind ihm vergeben.

Das war von Jesus Christus eine zwar nicht wirklich durchdachte, aber in seinem unerschütterlichen Gottvertrauen – denn Gott ist inwendig im Menschen – eine für ihn logische Schlussfolgerung.

Heute wissen wir, dass sich der Mensch nicht einen Gott denken darf, der auch nur irgendeine Vergebung oder sonst eine Handlung ausführt. Dazu an anderer Stelle mehr.

Immerhin konnte auch 300 Jahre später der römische Kaiser Konstantin das Angebot der Vergebung nicht ausschlagen, denn er hat sich auf seinem Sterbebett noch taufen lassen. Sein Gewissen plagte ihn ebenfalls sehr, schließlich hatte er seinen eigenen Sohn auf Grund einer Intrige töten lassen. Es ist nicht möglich, die gesamte Komplexität der Entstehung des christlichen Glaubens zusammenzufassen und was schließlich am Ende daraus geworden ist, aber dem Paulus steht ganz sicher die Schlüsselrolle zu. Denn nichts hat eine nachhaltigere Wirkung auf einen Menschen als ein Hinweis von Gott selbst. Das war für Paulus die unumstößliche Wahrheit, das war die Metanoia des Paulus.

Paulus machte sich von nun an an die Arbeit, den Mythos um Jesus Christus zu erforschen.

Strategie

Fortsetzung zu Paulus

Paulus war nicht nur ein Zeltmacher, sondern auch ein exzellenter Rhetoriker. Die Paulusbriefe geben Aufschluss darüber. Kein anderer Zeitgenosse verfügte über das strategische Talent des Paulus. Es ging jetzt darum, seine Gottesvision in eine Theorie einzubauen. Dazu musste er eine komplette Theorie schaffen. Paulus wusste doch bis hierher nichts über das Wirken und Tun des Mannes Jesus Christus. Er musste also Fakten sammeln. Zeitzeugen, die mit Jesus im persönlichen Kontakt gestanden hatten, gab es kaum noch. Sie hätten auch allerdings nicht das Bedürfnis gehabt, einem Christenverfolger Auskunft zu geben.

Jesus Christus war Mensch und doch der leibhaftige Sohn Gottes, es wagte zu dem Zeitpunkt noch niemand in aller Öffentlichkeit zu sagen, Jesus sei vom Tode auferstanden, dies wurde nicht einmal im Entferntesten in Erwägung gezogen, wozu auch? Nach den Worten von Jesus Christus war Gott doch inwendig in jedem Menschen. Für den Mann und die Frau mit einem Alltagsverstand waren diese Worte von Jesus Trost und Gewissheit. Das war die Maxime seines gesamten Wirkens.

Jesus Christus wollte keine neue Religion schaffen, sondern er wollte den schon damals seit fast zweitausend Jahren bestehenden jüdischen Glauben reformieren. Diese Absicht, zu reformieren, teilte Jesus seinen Zuhörern natürlich nicht mit, denn er formulierte logische Grundsatzerkenntnisse, wie zum Beispiel, dass das Kommen des Messias für diese Welt keinen Sinn mache.

Das alles musste Paulus erst einmal in Erfahrung bringen. Er musste herausfinden, auf welcher Basis Jesus seine Anhängerschaft hatte überzeugen können. Was war das Postulat des Mannes Jesus Christus? Die Erkenntnis, dass seine visionäre Erscheinung direkt mit Jesus Christus in Zusammenhang zu setzen war, kam dem Paulus keineswegs direkt auf der Stelle. Das Zeichen kam für ihn von Gott, nicht von Jesus.

Dass Jesus in der Erscheinung zu ihm gesprochen haben sollte, passte später allerdings ausgezeichnet in sein Konzept. Das Zeichen von Gott am Himmel war für Paulus eine unbeschreibliche Herausforderung. Paulus wusste jetzt: Gott will etwas von mir, also muss ich sofort grundlegend mein Leben ändern. Die Gewissheit, ein real existierendes Zeichen von Gott gesehen zu haben, beflügelte ihn grenzenlos. Er war sich ganz sicher: Da kommt von Gott noch mehr.

Paulus studierte die Bibel und stieß dabei auf eine logisch zündende Idee. Der noch zu erwartende Messias war bereits gekommen. Er hatte das Zeichen am Himmel selbst gesehen und seine Begleiter auch.

Jesus Christus war also der von Gott gesandte Messias. Unglaublich, ungeheuerlich, jetzt musste Paulus seine ganze Kraft und Intelligenz einsetzen, um das Rätsel zu entschlüsseln.

Die Kreuzigung des Gutmenschen Jesus passte nun ganz und gar nicht in sein Konzept. Die Messias-Theorie wäre selbst fünfhundert Jahre zuvor niemals von einem Sokrates, einem Plato oder einem Aristoteles mitgetragen worden. Paulus musste Fakten schaffen.

Die Evangelisten wird Paulus nicht zufällig getroffen haben. Niemand schreibt eine Jesus-Geschichte ohne eine Theorie, in der sie eine Verwendung finden kann. Hier müssen die Umstände sich gesucht und gefunden haben. Der Ruf des Gutmenschen Jesus Christus, der bis zum heutigen Tag anhält, war das Kapital, das Fundament, auf das Paulus seine Theorie aufbauen konnte.

Die Kreuzigung dieses Mannes musste also mit dem Einverständnis des göttlichen Willens geschehen sein. Die Sühne-und-Buße-Theorie, die Jesus selbst in die Welt gesetzt hatte, wurde dann zu der Theorie, dass Gott selbst ein Opfer bringt, um seine selbst geschaffene Menschheit vor der ewigen Verdammnis zu retten, dadurch, dass er es geschehen lässt, dass sein Sohn als Mensch gekreuzigt wird. Auch schon zu damaliger Zeit eine komplett verrückte Sache, die bei Weitem nicht sofort, aber schließlich nach Jahrhunderten als Weltreligion so manifestiert wurde.

Die Religionswissenschaftler sollten ihre Wissenschaft nicht zu ernst nehmen. Im Vordergrund stand damals wie heute der unzerstörbare Wunsch des Menschen nach dem Beweis der Existenz eines Schöpfergottes. Das wissen auch die Oberhäupter der Weltreligionen. Sie halten trotzdem fest an einer schon lange überholten unsinnigen Theologie mit dem Ergebnis, dass andere Glaubensgemeinschaften zur Theokratie übergehen, also zur absoluten Gottesherrschaft.

Große Denker wie Giordano Bruno (1548–1600) oder Spinoza (1632–1677) haben bereits deutliche Signale gesetzt, die beweisen, dass ein Mensch, auch nicht einer mit hervorragendsten geistigen Fähigkeiten, das, was wir Menschen mit dem Wort »Gott« in Verbindung bringen, intellektuell zu erklären vermag. An diesem Punkt angekommen, ist die geistige Elite, sind die Intellektuellen dieser Welt, Wissenschaftler und Theologen aufgefordert, im Namen der Menschheit Klarheit zu schaffen. Es kann nicht sein, dass ein Mensch sagen darf oder sagen kann, dieses oder jenes sei Gotte Wille.

Lieber Karl

Offener Brief an Kardinal Karl Lehmann.
Eine neue Reformation der katholischen Kirche ist in Sicht.
Der gläubige Mensch stellt sich die alles entscheidende Frage:
»Hat der Mensch für Gott einen höheren Wert als alle anderen
Lebewesen auf dieser Welt?« Diese Frage wird von der Kirche
und von vielen ihrer Gläubigen mit Ja beantwortet. Aber sofort
wird klar, der Mensch selbst ist es, der sich Gott denkt. Zu
viele Menschen sind im Namen Gottes hingerichtet worden,
sodass kein Gott zu diesen Verbrechen gegen die Menschlichkeit stehen könnte.

Das Wort »Gott« beinhaltet für viele Gläubigen die Existenz
einer Omnipotenz, also eine absolute göttliche Allmacht, die
mit einem zielgerichteten Willen die Welt lenkt.

Gäbe es diese göttliche Allmacht, wäre sie der Logik entsprechend gar nicht notwendig, denn eine Allmacht hätte
nichts, wogegen sie gerichtet sein könnte. Daraus erklärt sich
von selbst, diese Allmacht benötigt keinen Willen. Man kann
also auch sagen, Gott hat keinen Willen.

Aber postfaktisch gibt es eine höhere spirituelle immaterielle
Wirklichkeit, für die das Wort »Gott« nicht mehr geeignet
ist. Diese Wirklichkeit ist auch als »Wahrheit« zu bezeichnen
und für uns Menschen somit absolut unbeeinflussbar. Keine
Religion der Welt könnte sie für sich allein beanspruchen. Die
Seele eines Menschen kann in diese höhere Stufe des Seins,
die höher ist als das menschliche Leben hier auf der Erde, auf-
genommen werden. Es entscheidet kein göttlicher Wille über
den Einlass in diese Stufe, sondern einzig und allein das gelebte
Leben des Menschen.

Die Art und Weise, wie der Mensch sein Leben führt, ist der
Schlüssel für das Sein der Seele. Jesus Christus hatte, wie viele

Menschen vor ihm und auch nach ihm, wie zum Beispiel Plotin oder auch Rousseau, ein Signal aus dieser höchsten spirituellen Ebene des Seins menschlicher Seelen empfangen dürfen. Niemals oder jemals war die Sprache eines Menschen dazu fähig, diese Erfahrungen, die in ihre Seele eingedrungen waren, zu beschreiben. Auch Jesus Christus hat es versucht und seinen alles entscheidenden Elementarsatz wie folgt formuliert:

»Das Reich Gottes kommt nicht mit äußerlichen Gebärden, man wird auch nicht sagen: Siehe, hier oder da ist es; denn sehet, das Reich Gottes ist inwendig in euch!«

Jesus sagt also, Gott sei inwendig im Menschen. Er hätte diesen Satz nicht sagen können, wenn er sich im tiefsten Inneren seines Geistes einen Gott oder Messias gedacht hätte, der zur Erde herabkommt und mit unerbittlicher Härte Ungläubige richtet und die gläubigen Juden erlöst.

Das Wort »Gott« benutzte Jesus, um sich als Prediger mit seinen zuhörenden Menschen verständigen zu können. Somit wird er zu den Anwesenden wie folgt gesprochen haben: »Du bist der Sohn Gottes.«, »Du bist die Tochter Gottes.« Bis er jeden in seiner Runde persönlich angesprochen hatte und dann zu sich selbst kam und sagte: »Und auch ich bin der Sohn Gottes.«

Lieber Karl,

natürlich darf ich nicht »lieber Karl« sagen, aber ich sage ja auch »lieber Jesus«, oder musst du erst durch Gottes Wille gekreuzigt werden? Verdient hättest du es, du bist einer von den Guten. Wenn Gott das Beste, was er hat, kreuzigen lässt, stehst du vielleicht auch auf seiner Liste.

Du warst an der Reihe, Papst zu werden. Warum wollte Gott das nicht? Jedenfalls hättest du nicht wie Benedictus bei Gott »in den Sack gehauen«. Hat Gott eine große Chance für die katholische Kirche vertan? Muss Gott jetzt seine Tochter kreuzigen lassen?

Was glaubt der in aller Welt hochgeschätzte intellektuelle Kardinal Karl Lehmann in seinem tiefsten Inneren wirklich? Ist denn nicht das Leben eine Vorbereitung für das Sein der Seele nach dem Tod? Die Kreuzigung Christi war Mord. Gott kann nicht ein Mörder sein. Gott foltert nicht, um der Menschheit einen Erlöser zu schicken. Jesus Christus ist besonders durch Paulus missverstanden worden, der aus falscher Überzeugung die ersten Christen verfolgt und ermordet hat und sich dann durch eine neue Erkenntnis mit schwersten Schuldgefühlen auseinandersetzen musste.

Gott wird vom Menschen immer noch als Schöpfer und als Herrscher des Universums verstanden. Der von uns Menschen gedachte Gott hätte diese Welt, mit allen Gräueltaten und Grausamkeiten, die von Menschen an Menschen begangen worden sind, zu verantworten. Lieber Karl, glaubst du das?

Der Heilige Geist wird dich nicht vergessen haben. Des Weiteren wirst du auch nicht vom Fanatismus besessen sein wie der sogenannte »IS«, der den totalen Gottesstaat auf Erden will. Wie dumm denkt sich doch der Mensch einen Gott! Glaubst du, dass wir Fanatismus wegbomben können? Glaubst du, dass die katholische Kirche so weitermachen kann mit »Gott to go«? In Rom hört man den Satz:« Gott ist nicht katholisch«. Müssen wir uns nicht endlich, nach mehr als zweitausend Jahren, bemühen, Jesus Christus als Mensch und Denker zu begreifen, der Gott gesucht hat und Gott inwendig im Menschen gefunden hat, weil er an den Menschen geglaubt hat? Genialer war Denken nicht möglich, auch heute noch nicht. In der Hinsicht war Jesus Christus wirklich ein Gesandter Gottes. Wir müssen aber begreifen, dass wir Menschen alle Gesandte Gottes sind, ohne Ausnahme.

Alternativ können wir nur in unserem fanatischen Glauben nach einem Gottesbeweis suchen und Ungläubige abschlachten. Die katholische Kirche hat es doch dem IS vorgemacht. Möchtest du wie Papst Urban II. vor Gott stehen? Er steht nicht vor Gott, sondern er steht vor sich selbst. Sein Credo lautete: »Gott will es.« Wenn er Zweifel hatte, leidet seine Seele vielleicht heute noch.

In meinem Buch »DEUS CULPA« versuche ich zu schildern, wie Sühne geleistet werden kann. Vergebung wird es nicht geben, denn dann denken wir uns Gott als menschliche »Ich-Person«.

Wir Menschen sind so unendlich weit davon entfernt zu begreifen, dass wir Gott nicht erklären können und dass Gott im Sinne einer spirituellen Ebene trotzdem sein kann. Der islamistische Gottesstaat bedient nicht die Menschen, die Gott suchen. Für das Ego dieser Menschen ist die Schusswaffe das ideale Werkzeug. Das Ego ist unersättlich und unerbittlich. Die Seele eines Menschen schießt nicht, weil es keinen Sinn macht, denn sie kann nicht sterben.

Die Katholiken müssen Christen werden.

Richard Dawkins übersieht die Angst der Menschen, dass Gott tatsächlich nicht sein könnte. Die Menschen wollen beten können. Der spirituelle Kosmos reflektiert das Gebet zurück zur Seele und spendet Trost. Die katholische Kirche hat dieses elementarische Grundbedürfnis des Menschen erkannt und sagt: »Wir liefern Gott.«

Die Würde des Menschen ist machbar, sie ist ein Ego-Bedürfnis und in der katholischen Kirche hoch angesetzt. Überall sieht man Würdenträger, die eine Kutte tragen, als wären sie die Rocker Gottes.

Christus ist ohne jede Würde in Schande für die Angehörigen in unmenschlichster Art und Weise hingerichtet worden. Seine Mutter wird sich abgewandt und bitterlich geweint haben, wäre er doch ein gesetzestreuer Pharisäer im jüdischen Glauben geblieben. Aber Jesus gehörte zu einer neuen New-Age-Bewegung, die vermutlich eine Symbiose zwischen Schamanismus, Pantheismus und der menschlichen Vorstellung von Gott herstellen wollte. Daher das Ritual der Taufe, die Verbindung kosmischer und weltlicher Energien mit Gott.

Jesus selbst wurde aber zu einem Außenseiter in der Gruppe. Seine Seele hatte bereits ein Erlebnis zu der höheren Stufe ihres Seins erfahren.

Paulus war kein wirklich guter Kenner der Bücher Mose. Denn dort heißt es in einer mythischen Sage, dass Abraham, als er sich vor mehr als zweitausend Jahren nach damaliger Zeitrechnung von seinem Geburtsort Ur auf dem Weg nach Palästina befand, seinen einzigen Sohn Gott zum Opfer bringen wollte, dieser aber dann durch einen Widder ersetzt wurde. Von diesem Augenblick an verbot der Kult des Volkes Israel Menschenopfer. Weiter heißt es, in den Augen des Ewigen Gottes seien diese keine Anbetung gewesen, sondern eine Gräueltat. Also nach weiteren zweitausend Jahren sah Paulus jetzt in der Kreuzigung Christi indirekt Gott selbst als den Mörder seines Sohnes. Er schickte ihn in Form der Inkarnation zur Erde. Hier sah der Sohn Gott inwendig im Menschen, er wurde zum Häretiker, weil er das Kommen des Messias leugnete und sich selbst als Sohn Gottes bezeichnete. Grund genug, um ihn von den Juden kreuzigen zu lassen.

Dieser von Menschen gedachte Eingriff in die Belange eines allmächtigen Gottes war auch damals schon, vor zweitausend Jahren, unsagbar respektlos.

Nero war ein römischer Kaiser von beispielloser Kaltblütigkeit. Er machte für den Brand in Rom eine Gruppe Menschen, die Chrestianer genannt wurden, verantwortlich. Er schlug sie ans Kreuz, so in etwa wird es von Tacitus berichtet, er wickelte sie in Tierfelle und zündete sie in der Dämmerung an.

Paulus wurde im Frühjahr 64 hingerichtet und auch Petrus gehörte zu denen, die bei dieser ersten Christenverfolgung gekreuzigt wurden. Diese Grausamkeiten müssen doch auch als Gottes Wille bezeichnet werden.

Der römische Kaiser»Konstantin um 280 - 337 n. Chr., verhalf dem Christentum zum Durchbruch. Der Kaiser wurde von heftigen Gewissensbissen geplagt, weil er die Ermordung seines eigenen Sohnes Crispus wegen Ehebruchs, der sich jedoch später als eine Verleumdung herausstellte, angeordnet hatte. Konstantin wurde Christ. Es hatte sich herumgesprochen, dass die Christen damals schon Vergebung der Sünden bei Gott organisieren konnten.

An dieser Stelle soll auf den Widerspruch in der katholischen Mythologie hingewiesen werden. Gott vergibt dem Vater, der seinen Sohn ermordet hat, aber Gott selbst soll der Mörder seines Sohnes gewesen sein. Das sind von Menschen in absurdester Weise gedachte und entwickelte Glaubensvorstellungen.

Der Menschen darf nicht beliebig über einen Willen Gottes verfügen, weil er sich dadurch anmaßt, real im Namen Gottes zu handeln. Genau das ist das Problem in unserer Welt und genau das hat Jesus Christus schon damals erkannt, denn Gott findet der Mensch nur in sich selbst und nur sein Gewissen kann ihm dabei helfen.

Augustinus erkannte Gott inwendig in seiner Seele. »Du warst bei mir, aber ich nicht bei dir«, soll er gesagt haben in Bezug auf sein vorausgegangenes ausschweifendes Leben.

Allen Erkenntnissen berühmtester Theologen und Ontologen, wie zum Beispiel Thomas von Aquin, Augustinus oder Albertus Magnus, geht ein fundamentaler Denkfehler voraus, sie denken sich einen allmächtigen Gott mit einem Willen. Auch Spinoza dachte sich Gott als die alles umfassende Natur, die eine Absicht und ein Ziel verfolgt. Sie hätten erkennen müssen: Wenn es Gott gibt, kann es keinen Teufel geben, soll heißen, das Böse kann nicht von Gott gewollt sein.

Gott finden wir auf einer anderen Ebene, daher muss man

sagen: Gott ist nicht Materie, nicht Energie. Gott hat keinen Willen, Gott richtet nicht, Gott straft nicht, Gott vergibt nicht, Gott liebt nicht, Gott denkt nicht, Gott ist kein Mensch. Religiöse Mythen, die sich über Jahrtausende hinweg im Glauben manifestiert haben, werden von ihren Gläubigen so gut wie niemals auf ihren Wahrheitsgehalt überprüft. Der Mensch ist eine Tragödie der Natur, aber nicht Gottes Wille. Glauben ist keine Wissenschaft. Aus Sicht der unsterblichen Seele ist die Wissenschaft dumm.

Das Problem der gesamten Menschheit ist der Mensch selbst in seinem Bedürfnis nach uneingeschränkter Fortpflanzung. An dieser Stelle haben die Religionen vollständig versagt. Sie legten den Zuwachs der menschlichen Bevölkerung in Gottes Hand. Die Wissenschaftler bauten gezwungenermaßen die Atombomben zur Vernichtung ihrer eigenen Gattung. Die gesamte Rüstungsindustrie weltweit beschäftigt Menschen, die mit ihren Produkten wiederum Menschen töten. Die Massen brüllen zu ihrem Despoten, der wiederum diese Waffen in der Regel gegen religiös Andersdenkende einsetzt.

An dieser Stelle könnten Religionen ihre kulturelle und gesellschaftliche Berechtigung in unserer Gesellschaft entwickeln. Ihre religiösen Inhalte und Glaubensdekrete müssten der Wahrheit entsprechen und dem kulturellen Zeitgeist der Menschheit angepasst sein, sonst öffnen wir weiterhin den Glaubensfanatikern, die im Namen Gottes anderen Menschen den Kopf abschlagen, Tür und Tor. Durch Jesus Christus haben die Christen, wenn sie Jesus richtig verstehen, einen unschätzbaren Vorteil gegenüber anderen Weltreligionen.

Linos Pan

Literaturhinweise

Abdel-Samad, Hamed: Mohamed. Eine Abrechnung, Droemer Verlag.

Eusterschulte, Anne: Giordano Bruno. Eine Einführung, Lizenzausgabe Panorama Verlag, Wiesbaden.

Iwersen, Julia: Gnosis, eine Einführung, Lizenzausgabe Panorama Verlag, Wiesbaden.

Koesters, Paul-Heinz: Deutschland, deine Denker, Hrsg. v. Henri Nannen, Gruner und Jahr, Hamburg.

Lindenberg, Wladimir: Aus einem erfüllten Leben, Ernst Reinhard Verlag, München, Basel.

Moody, Raymond A.: Nachgedanken über das Leben nach dem Tod, Rowohlt Verlag GmbH, Reinbek bei Hamburg.

Nietzsche, Friedrich: Also sprach Zarathustra, Insel Verlag, Frankfurt am Main.

Nietzsche, Friedrich: Götzendämmerung, Insel Verlag, Frankfurt am Main.

Nietzsche, Friedrich: Morgenröte, Gedanken über die moralischen Vorurteile, Anaconda Verlag GmbH, Köln.

Patak, Yves Etienne: Null Bock auf Karma, Erleuchtung für Gestresste, Books on Demand.

Popper, Karl R.: Auf der Suche nach einer besseren Welt, R. Pieper GmbH & Co. KG, München.

Rochedieu, Edmond: Von der Antike bis zum Mittelalter, Lizenzausgabe für den Fackelverlag Stuttgart, Manfred Pawlak Verlagsgesellschaft mbH, Herrsching.

Scarre, Chris: Die römischen Kaiser. Herrscher und Dynastien von Augustus bis Konstantin, Lizenzausgabe für den Weltbild Verlag GmbH, Augsburg.

Schwerhoff, Gerd: Die Inquisition, Ketzerverfolgung in Mittelalter und Neuzeit, Verlag C. H. Beck, München.

Sloterdijk, Peter: Regeln für den Menschenpark. Ein Antwortschreiben zu Heideggers Brief über den Humanismus, edition suhrkamp, Sonderdruck, Suhrkamp Verlag, Frankfurt am Main.

Sloterdijk, Peter: Du musst dein Leben ändern. Über Anthropotechnik, Suhrkamp Verlag, Frankfurt am Main.

Weischedel, Wilhelm: 34 große Philosophen in Alltag und Denken, Nymphenburger Verlagshandlung GmbH, München.

Wittgenstein, Ludwig: Logisch-philosophische Abhandlung, Tractatus logico-philosophicus, Suhrkamp Verlag, Frankfurt am Main.